C0-AWJ-938

Collection L'Univers des discours

Codirecteurs:
Antonio Gómez-Moriana
Danièle Trottier

Données de catalogage avant publication (Canada)

Forget, Danielle, 1952-

L'émergence d'un discours démocratique au Brésil:
conquêtes et résistances du pouvoir, 1964-1984

(Collection L'Univers des discours)
Comprend des réf. bibliogr.
ISBN 2-921425-11-4

1. Brésil — Politique et gouvernement — 1964-1984.
2. Campagnes électorales — Brésil. 3. Discours politique —
Brésil. 4. Pouvoir (Sciences sociales). 5. Idéologie — Brésil.
I. Titre. II. Collection.

JL2481.F67 1992   320.981   C92-096691-8

Cet ouvrage a été publié grâce à une subvention de la
Fédération canadienne des sciences sociales, dont les fonds
proviennent du Conseil de recherches en sciences humaines
du Canada.

L'émergence d'un discours démocratique au Brésil
conquêtes et résistances du pouvoir
(1964-1984)

Université d'Ottawa
BIBLIOTHÈQUES
Université d'Ottawa
University of Ottawa
LIBRARIES
University of Ottawa

Distribution:

Québec:
LOGIDISQUE
C.P. 10, succ. D,
Montréal (Québec) H3K 3B9
Tél.: (514) 933-2225
Fax: (514) 933-2182

France et pays de la Communauté européenne:
CDU-SEDES
88, boulevard Saint-Germain
75005 Paris (France)
Tél.: (1) 43 25 23 23
Fax: (1) 46 33 57 15

Illustration de la couverture:
Miguel Callaci

© Danielle Forget, 1992

© Les Éditions Balzac, 1992
22, rue Balzac
Candiac (Québec) J5R 2A7
Tél.: (514) 444-8650
Fax: (514) 659-9710

Dépôt légal — 3e trimestre 1992
ISBN 2-921425-11-4
Bibliothèque nationale du Québec

Tous droits de traduction, d'adaptation ou de reproduction
par quelque procédé que ce soit, réservés pour tous pays,
excepté le Brésil.

mgen
(Don)

Danielle Forget

L'émergence d'un discours démocratique au Brésil

conquêtes et résistances du pouvoir
(1964-1984)

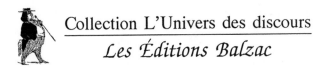

Collection L'Univers des discours

Les Éditions Balzac

JL
2481
.F67
1992

Avant-propos

Le langage politique se retrouve dans tous les domaines de la vie sociale, que ce soit à l'écrit ou à l'oral, sous forme de nouvelles, compte rendus, commentaires dont s'emparent les journaux, de participations protocolaires dans une lettre publique, un discours d'inauguration, d'anniversaire ou encore sous forme interactive lors d'une entrevue, d'une ligne ouverte, etc. Il se propage dans des canaux qui peuvent revêtir des formes multiples; planifié ou au contraire spontané, il peut initier une problématique ou répliquer à une attaque. Dans tous les cas, il sera présenté et perçu comme un témoignage. En effet, il témoigne de la position du locuteur comme représentant d'un groupe, d'un parti, d'une option idéologique. Polémique par définition, il ne peut que souligner une prise de position en tant que choix parmi plusieurs autres, et souvent en confrontation directe avec une position adverse. Autrement dit, un discours est politique avant tout par la différence qu'il assume avec d'autres discours concurrents.

On pourrait s'interroger, cependant sur la validité d'une telle conception du discours politique dans le cas du Brésil. Pour qu'elle soit retenue, une conception doit se vérifier dans toutes les manifestions d'un discours y compris à l'époque militaire, même si le contrôle et l'exclusivité de la parole semblent exclure non seulement toute cohabitation avec d'autres discours mais aussi toute référence à d'autres discours.

Un régime «d'exception» n'autorise pas le chercheur à avoir recours à des définitions «d'exception». C'était le cours que suivaient mes pensées lors de mon séjour à São Paulo en 1976, alors que fraîchement initiée aux théories linguistiques, je n'avais pas encore procédé aux études «sur le terrain». Plus tard, en 1984, lorsque j'entreprendrai cette analyse, je serai frappée à la fois par l'indigence théorique des analyses portant sur le discours, et par la richesse des productions discursives brésiliennes. La variété, l'ampleur des débats, la ténacité argumentative et la négociation serrée entre les partis impliqués en font un terrain d'analyse idéal, où se déploient à la fois des artifices rhétoriques savamment orchestrés et les stéréotypes argumentatifs garants d'une cohérence protégée stratégiquement. Si ces interactions verbales, je les observais dans mon environnement immédiat en 1976, j'étais loin de m'imaginer que j'en retrouverais des traces précises jusque dans les discours officiels des détenteurs du pouvoir.

Ce travail représente la convergence de plusieurs influences, que ce soit en science politique ou en linguistique, et de plusieurs perspectives, brésilienne, européenne et nord-américaine. Je tiens à remercier tous ceux qui m'ont si volontiers accordé leur aide, fourni des commentaires éclairés et qui m'ont écoutée: Jacqueline Authier-Revuz, Simone Bonnafous, Thomas Bossert, Luiz Carlos Bresser Pereira, Gilles Brunelle, Carlos Chagas, Roberto Da Matta, Oswald Ducrot, Dina Feigenbaum Cleiman, Nelson Maculan, Denise Maldidier, Eni Pulcinelli Orlandi, Sérgio Pôrto, Renato Janine Ribeiro, Pierre Rivas, Régine Robin, Silvia Sigal, Eliseo Véron, Marisa Vieira et Philippe Faucher, bien sûr, qui a dû accompagner le travail entier.

Je suis reconnaissante à la Faculté de Lettres de l'Université de Rio de Janeiro qui m'a accueillie pour donner des conférences sur les premiers résultats de la recherche, et une pensée particulière va à Lucinda Ferreira Brito et Helena Gryner, dont je n'oublierai pas l'enthousiasme.

Ce travail s'intégrait à une recherche plus vaste liée au Groupe de recherche sur l'Amérique latine (GRAL) de l'Université de Montréal, et j'ai pu apprécier l'appui constant de ses membres. Enfin, cette analyse de discours n'aurait jamais eu lieu sans Graciela Ducatenzeiler, que je remercie pour son travail, sa confiance et son amitié.

Introduction

Je mourrai quand je voudrai,
je suis le Roi, c'est moi qui décide.

Le Roi se meurt, Eugène Ionesco

Les changements politiques importants qui sont survenus ces dernières années dans des pays comme la Grèce,
l'Espagne, le Portugal et dans plusieurs pays d'Amérique
latine ont orienté le débat tant de l'opinion publique que des
analyses en sciences sociales vers les conditions d'émergence
des régimes démocratiques et le processus de transition de
l'autoritarisme vers la démocratisation. Le Brésil représente
un cas particulièrement remarquable de transition: on la qua-
lifie de «fortement étalée dans le temps» ou encore, pour
emprunter les termes des dirigeants, de «lente, graduelle et
prudente». Si le régime militaire a été institué par le coup
d'État de 1964 et plaçait comme un de ses objectifs avoués
de restaurer la démocratie, ce n'est qu'en 1974, avec les
interventions du Général Geisel que l'on commence véritablement à parler de transition. Des nuances essentielles doivent être apportées, cependant, à la lumière de l'analyse des
discours, sur la forme même du processus de transition et
sur les conditions de ce changement. Mais avant d'entrer
dans ces considérations plus techniques, revoyons certains
aspects du débat sur la transition au Brésil.

13

C'est par le biais du terme *distensão*, que le Président Ernesto Geisel fait connaître ses intentions d'ouverture du régime, en mars 1964, lors de la première assemblée ministérielle de son gouvernement. Il désigne par là un processus contrôlé de changement dans l'ordre politique (Kucinski: 42). Si on reprend la distinction utilisée par Smith entre le projet et le processus, à ce stade, l'ouverture du régime n'existe pratiquement qu'à titre de projet (Smith: 184). Les discours le montreront bien: la transition devient un nouveau thème, non pas à caractère essentiel, pouvant évacuer les autres, mais plutôt côtoyant ceux que privilégie le discours autoritaire. On ne peut s'empêcher de remarquer l'absence de précisions concernant ce changement politique: calendrier, programme ne figurent pas et laissent croire qu'il s'agit là d'une stratégie pour se maintenir au pouvoir. C'est, en tout cas, ce que pourraient suggérer les discours du Président Geisel. La transition est un argument servant à justifier la coopération que le gouvernement demande à la population et aux partis politiques. Même si elle est loin de se présenter comme l'objectif principal du gouvernement et paraît affadie à côté de l'importance que reçoit la modernisation, elle occupe néanmoins une position de choix.

Le thème de la transition s'insère dans le discours sur la base d'une ambiguïté «argumentative». En se reportant à sa définition, la transition représente le passage d'un régime à un autre, et suppose l'abandon progressif des pouvoirs autoritaires. Or, ce que propose le Président Geisel, c'est une transition dont il assumerait le contrôle — curieuse façon de se départir du pouvoir. De plus, il tente de convaincre que seul le gouvernement est habilité à mener cette transition, d'où l'appui qu'il requiert de la population. Si à certains moments il recherche par ce biais une légitimité, à d'autres, il menacera d'interrompre le processus de transition, si on ne se rend pas à ses volontés. Promesse d'enclencher l'ouverture du régime, menace d'un retour au mode autoritaire, la transition sera apprêtée différemment, mais visera toujours à renforcer le contrôle du gouvernement.

Les difficultés de manœuvre du gouvernement sont énormes durant cette période. La division se profile au sein même des forces militaires et la tension est constante entre les militaires de la ligne dure (*linha dura*) — qui favorisent la fermeture du régime — et les autres: elle prendra une dimension encore plus aiguë alors que le retour aux valeurs démocratiques devient un débat public. Une des sources principales de conflit vient de la succession présidentielle à assurer. Geisel innovera en proposant un général à trois étoiles, au lieu de quatre, comme le veut la tradition militaire. Le Président Geisel va à l'encontre des attentes et désigne ainsi comme successeur João Baptista Figueiredo. Alors que Geisel réussit à imposer son choix, ce ne sera pas le cas pour Figueiredo quand viendra le temps pour lui de faire face à ce problème de succession: il n'aura ni la volonté, ni la position de force pour contrôler ce mécanisme.

Le poids grandissant de l'incertitude électorale constitue l'un des problèmes les plus pressants du gouvernement. Même si en 1964, le Brésil est passé aux mains des militaires, ces derniers n'ont pas voulu rompre complètement avec les institutions démocratiques et ont conservé le mode électoral. D'importants changements ont cependant contribué à diminuer les risques inhérents à toute élection: le nombre de partis est réduit à deux (le MDB et l'Arena, qui est le parti du gouvernement) et des règles ont été mises sur pied pour favoriser ce dernier. Malgré tout, les résultats des élections apparaissent de plus en plus menaçants et Lamounier (1989) y voit la cause de la transition[1].

Par ailleurs, les performances économiques depuis 1968 ont pu donner des idées de grandeur au pays, depuis que l'on parle du «miracle brésilien» pour désigner la forte croissance de l'économie brésilienne (avec taux de croissance du

---

1. «[...] It was the mounting pressure from the electoral system, more than the initiative or sectorial pressure of any group that produced a significant opposition to the dominant system» (Lamounier 1989: 46).

Produit national brut d'environ 10%) accompagnée de l'augmentation des échanges commerciaux (Skidmore: 180-206).

Le gouvernement peut encore profiter de ce succès en 1974, même si une période de ralentissement de la croissance économique s'annonce, alliée à l'augmentation de l'inflation et surtout, à celle de la dette extérieure. En outre, les inégalités économiques et sociales deviennent de plus en plus aiguës. Quel a été l'élément déclencheur de la transition? Les réponses des analystes de la situation politique sont très diversifiées. Certains comme Lamounier (1989) mettent l'accent sur la piètre performance électorale du gouvernement; d'autres, comme Smith, sur la division au sein de l'armée[2]. La dimension économique sera pour Martins (1985) responsable du changement; elle est aussi invoquée par Richards comme l'élément dominant, mais d'une transition qu'il situe à la fin des années 70. D'autres, comme Viola et Mainwaring, soulignent qu'un ensemble de facteurs étaient réunis: les bonnes performances économiques, le contrôle de la guérilla et l'intimidation auprès de l'opposition, bref la stabilité compensait le risque d'une ouverture. On peut spéculer longtemps sur les facteurs prioritaires, accentuer davantage l'idée de choix ou celle de nécessité, mais on s'entend généralement pour parler d'une transition «par le haut» dans le cas du Brésil (O'Donnell: 317). Reprenant l'expression de Barrington Moore Jr, cette appellation fait ressortir l'initiative des dirigeants dans la mise en place du processus de transition et le contrôle qu'ils exercent sur l'intervention populaire.

Une autre caractéristique, qui a souvent été proposée pour qualifier la transition, non plus quant à son origine mais

---

2. «According to one widely held view, democratic beliefs were the prime causes, and the opening decision was an autonomous decision on the part of the "liberal" authoritarians. Although psychological, ideological, and moral factors certainly should not be ignored, factors specific to the armed forces probably played the fundamental role in the decision to initiate the *distensão/abertura* process» (Smith: 189).

quant à sa dynamique, est le fait qu'elle soit graduelle. L'adjectif s'applique bien pour écarter l'idée de rupture nette avec les valeurs autoritaires mais pourrait laisser supposer que la transition s'est effectuée de manière continue et progressive. Or, les événements démontrent que des changements ont été proposés qui allaient dans le sens de l'ouverture, mais que plusieurs autres allaient dans le sens contraire.

Nous n'en mentionnerons que quelques-uns, qui ont eu un effet direct sur l'aspect électoral. En 1976, le gouvernement passe une loi, la loi Falcão — du nom du ministre de la Justice, Armando Falcão — qui limite l'accès du parti de l'opposition aux médias en période électorale, assurant ainsi l'avance du parti du gouvernement lors des élections municipales. 1977 sera marquée par ce qu'on a appelé le «Pacote de Abril»: craignant que le MDB n'ait la majorité au Sénat et à la Chambre des députés, le Président Geisel annonce la fermeture du Congrès, puis impose des changements constitutionnels. Ces derniers contiennent des réformes sur les lois électorales, notamment l'extension de la portée de la loi Falcão aux élections nationales, en vue de s'assurer de meilleures chances de succès aux élections générales de novembre 1978. Ils permettent aussi la création de sénateurs «bioniques» garantissant à l'Arena près d'un tiers des sièges au Sénat et prolongent d'un an le mandat du Président de la République (Bresser Pereira 1984: 192). En novembre 1981, une autre série de réformes portant sur la pratique électorale est apportée en vue des élections de 1982: les alliances entre partis sont interdites, ce qui met les partis de l'opposition en difficulté pour le choix des candidats au poste de gouverneur et assure une position de force au parti du gouvernement (à cette époque: le PDS, Partido Democrático Social) dans les États (Viola et Mainwaring: 205; Moreira Alves: 281). Et cela, sans parler des vagues de violence qui ressurgissent, comme l'explosion de bombes au Centre des congrès du Rio-Centro en avril 1981, où étaient impliqués des membres de l'appareil répressif militaire (Moreira Alves: 279-280).

17

Mais du côté de la société civile, on ne se borne pas à être spectateurs des événements et la mobilisation populaire s'intensifie peu à peu. Un groupe important, celui des entrepreneurs, ayant contribué au pacte qui a porté les militaires au pouvoir en 1964, tente de faire entendre sa voix. Ils remettent en question le rôle grandissant de l'État dans l'économie en critiquant le Deuxième Plan National de Développement (1975-1979). Ils veulent avoir leur part dans le processus de décision au niveau économique et politique (Selcher: 78; Bresser Pereira 1984: 192 et ss). L'Église, pour sa part, a toujours joué un rôle actif: par exemple, en février 1977, lors de la quinzième assemblée de la Conférence internationale des évêques brésiliens (CNBB), elle se prononce contre la doctrine de la sécurité nationale. Différents groupes d'intellectuels et de professionnels ont eu un impact sur le projet de *distensão*: mentionnons les journalistes, de même que les avocats qui, à travers leur association (OAB, Ordem dos Advocados Brasileiros) condamnent en 1977 l'utilisation de la torture et critiquent les réformes que propose le gouvernement en 1978. Les étudiants ne manqueront pas de se faire entendre: en mai 1977, une manifestation s'organise pour que soit reconnue l'Association nationale des étudiants (UNE) bannie depuis 1964.

Les relations entre le gouvernement et les syndicats ont toujours été tendues mais les conflits qui les opposent deviennent plus aigus à partir de 1977-78. Les syndicats ont dénoncé publiquement les manipulations de l'index officiel d'inflation pratiquées par le précédent ministre des Finances, Delfim Neto. Cependant, sur la question de l'assouplissement du droit de grève, ils subissent un échec: le gouvernement passe un décret qui rend les grèves encore plus difficiles qu'auparavant. Toutefois, ces restrictions n'auront pas l'effet escompté sur les ouvriers. Des grèves dans le secteur de l'automobile sont déclenchées à São Bernardo en 1978, et s'étendent progressivement: on estime à 500 000 le nombre de travailleurs y ayant participé à la fin de l'année. Ce mouvement s'est prolongé en 1979 pour englober environ

3 000 000 de travailleurs (Keck: 263). Les revendications débouchaient sur une critique sociale et politique plus large, comme le soutient Keck:

> Il ne fait aucun doute que, à partir de 1979, la question des droits civils et de la participation des travailleurs n'était plus une discussion abstraite entre intellectuels, mais prenait place plutôt dans l'agenda du débat sur la démocratie grâce à l'action même du mouvement ouvrier[3].

La scène politique qui prévaut à la fin des années 70 est bien différente de celle qui a inauguré le projet de *distensão* en 1974. On ne pourrait certainement plus invoquer la relation contrôlée avec l'opposition, ni la croissance économique pour justifier la transition. Le rapport de force entre les acteurs politiques prend une tournure particulière, et cela se trouve confirmé et même accentué par l'analyse des discours. En effet, si la question de l'origine de la transition échappe en grande partie à l'étude des textes (à moins de vouloir se fier au contenu des paroles, ce que nous excluons), sa dynamique par contre peut être appréhendée par un examen de l'évolution des discours comme celui que nous avons entrepris. Que peuvent nous apprendre les discours sur la transition?

D'abord, ils fournissent une vision différente des premières années de la transition. Pour plus de clarté, nous retiendrons le terme de *distensão* pour parler de l'assouplissement du régime et de *libéralisation*, au sens où Viola et Mainwaring l'entendent pour désigner la baisse de la répression et le rétablissement des droits civils et politiques, par contraste avec la *démocratisation*.

---

3. «There is no question that by 1979, the question of the citizenship and participation of workers was no longer an abstract discussion among intellectuals, but rather had been placed on the agenda of the debate about democracy by the actions of the labor movement itself» (263).

Par libéralisation, nous entendons la baisse de la répression, le rétablissement des droits civils et politiques, mais l'absence d'élections libres qui permettraient l'alternance des partis au pouvoir. La démocratisation suppose, elle, la mise en place d'un tel système électoral[4].

Sur le plan politique, nous l'avons vu, il y a alternance entre des mesures en faveur de l'ouverture et d'autres en faveur de la fermeture. Qu'en est-il sur le plan discursif? On pourrait s'attendre à la même instabilité de la part du discours dominant. Pourtant, il n'en est rien. En généralisant à partir du corpus que nous avons étudié, il est indéniable que même après le déclenchement de la *distensão*, les textes comportent les caractéristiques fondamentales du discours autoritaire des années 69 (point culminant de la répression), et qu'une fois que le changement s'amorce, il se manifeste de façon continue.

La fin des années 70 marque un tournant et c'est à ce moment que s'amorce véritablement la libéralisation. Il est vrai que par des réformes constitutionnelles de 1978, le gouvernement abolit l'instrument le plus efficace de la répression: l'Acte institutionnel 5; il restitue l'*habeas corpus* pour les détenus politiques, abolit la prison à vie et la peine de mort (Skidmore: 203). C'est aussi à ce moment que sera rétablie la liberté d'expression pour la radio et la télévision. Dans les discours, le changement politique passe par le rapport particulier qu'ils instituent sur le plan structurel entre les acteurs politiques. Cet apport de l'analyse du discours, on ne peut l'apprécier qu'en parcourant systématiquement les textes de cette période (voir chapitres IV et V): ils montrent bien la difficulté pour le discours dominant d'accepter la légitimité du discours de l'opposition.

---

4. «*Liberalization* refers to a decline in repression and the reestablishment of most basic civil and political rights, but not to the institution of competitive elections which would allow for an alternance in power. In this article, *democratization* refers to the establishment of institutional arrangements which make possible such an alternance» (194).

Plusieurs auteurs ont identifié cette période comme déterminante dans le parcours vers la démocratisation. Richards en attribue la cause aux revirements sur la scène économique, tandis que Baloyra (1986) affirme que les difficultés économiques ont contribué certes, mais pas de façon décisive, aux changements politiques[5]. S'il est indéniable que dans l'analyse des facteurs justifiant l'appui d'un retour aux valeurs démocratiques, le facteur économique a joué un rôle prépondérant, cette discussion s'écarte de nos préoccupations. Rappelons-en les deux principaux aspects:

— Quel est, pendant la transition, le degré de rupture ou de continuité avec les valeurs mises en place par le régime autoritaire?

— Jusqu'à quel point les dirigeants contrôlent-ils la transition?

Aborder la dynamique de la transition sur le plan du discours, c'est tenter de comprendre comment les procédés du discours sont utilisés pour l'exercice ou la conquête du pouvoir. Dans cette perspective, l'aspect économique figure comme un argument parmi d'autres dans les stratégies discursives.

En revanche, les relations entre les différents acteurs politiques sont particulièrement pertinentes, comme nous l'avons mentionné et, à cette époque, elles subissent des transformations qui laissent entrevoir la «démission» des militaires de 1984. Au moment de la formulation du projet d'amnistie, les discours révèlent la formation de deux locuteurs principaux qui s'affrontent: les dirigeants et la société civile regroupée et constituant la voix oppositive. En effet,

---

5. Cf. Richards: «The degree to which the breakdown of military authoritarianism can be seen as grounded in exogeneous economic developments as opposed to domestic political factors can be evidenced in the fact that until the early 1980s civilian oppositions had made little progress in dislodging the armed forces» (450-451). Pour la position de Baloyra (1986), voir p. 43.

pour la première fois, dépassant les différences sociales, d'allégeances aux partis, de positions idéologiques, un discours de l'opposition émerge sur la scène publique.

Cela affectera la dynamique du changement politique: désormais, deux discours s'affrontent, celui des dirigeants et celui des opposants. À partir de positions inégales, on verra peu à peu le discours de l'opposition ébranler le discours des dirigeants. Il conquiert ce qu'on pourrait appeler un *espace discursif*, c'est-à-dire la reconnaissance en tant que participant de l'interaction discursive. Il oblige le gouvernement à se prononcer sur ses prises de positions, à considérer son point de vue. Cela ne signifie nullement que le gouvernement se rend aux exigences de l'opposition, mais qu'il ne peut plus formuler ses politiques de façon préétablie et qu'il doit tenir compte des autres acteurs politiques. D'où l'amorce d'une libéralisation, mais qui n'est pas contrôlée exclusivement par le haut comme l'avait été la *distensão*. Le contrôle est-il aux mains de l'opposition? Tout n'est pas blanc ou noir, comme le démontrent les *positions inégales* des antagonistes dont nous avons parlé. Les dirigeants étant au pouvoir et disposant en conséquence de moyens institutionnels, juridiques pour l'exercice de leur fonction, il devient pléonastique de parler de *contrôle*. Il en est de même sur le plan discursif: en tant que locuteur imposant des contraintes sur l'exercice de la parole, les dirigeants occupent une position exclusive que peuvent critiquer ou se disputer les destinataires mais qu'ils ne peuvent exercer de façon concurrente. Aussi nous semble-t-il plus juste de faire intervenir les discours pour mesurer de quelle façon, même à partir de cette position inégale entre les acteurs politiques, l'opposition commence à se tailler une place dans la négociation pour la transition. Sa force se manifestera dans le discours même des dirigeants, par une infiltration dans sa structure — que nous calculerons au moyen des propriétés dialogiques des textes — à la mesure des pressions que l'opposition réussit à exercer et qui lui permettront de déstabiliser le discours dominant.

Cette déstabilisation s'accentue et en 1984, l'opposition conquiert une position de contrôle. La mise en place du mécanisme de succession du Président Figueiredo donne lieu à un débat juridique pris en charge par les élites politiques, soutenues par une mobilisation populaire massive. Les militaires sont incapables de fixer les limites de ce débat et l'analyse des textes montre bien que le discours des dirigeants s'oriente au gré des revendications de l'opposition. Sur le plan discursif, c'est plus qu'un malaise, c'est un renversement du rapport de force entre les locuteurs.

L'étude systématique des discours fait apparaître une configuration différente des discours de 1977 et de 1979, ce qui nous a amené à situer le début de la libéralisation entre ces deux périodes. Cela corrobore l'hypothèse de Bresser Pereira (1984) qui souligne l'importance des différents secteurs de la société civile, de même que Baloyra (1986)[6]. D'autres analystes comme Share et Mainwaring se sont attardés au processus même qu'ils ont qualifié de «transition par transaction»:

> Le terme «transition par transaction» renvoie aux cas où le régime autoritaire prend l'initiative de la transition, établit des limites aux changements politiques, et demeure une force électorale relativement significative durant la transition (175)[7].

---

6. Bresser Pereira (1984) précise cette hypothèse: la fin de l'alliance de la bourgeoisie industrielle avec les militaires et la création d'un nouveau pacte démocratique seraient responsables de l'avancement vers la démocratisation (193). Voir aussi Baloyra (1986): «[...] to be carrying the regime toward an *abertura* produced by attempts by actors in the society and in the political community to extend the limits of *distensão*» (36).

7. «The term «transitions through transaction» refers to cases in which the authoritarian regime initiates the transition, establishes some limits to political changes, and remains a relatively significant electoral force during the transition» (175).

La description que fournissent les auteurs des principaux traits de la transition est très générale: ils écartent, par exemple, la thèse de la rupture pour décrire la transition au Brésil («transition by collapse»), ce qui ne fait pas de doute. Cependant, la notion de transaction a le défaut de laisser croire que le changement s'effectue par ententes, concessions mutuelles entre les acteurs politiques[8]. Plus discutable est l'affirmation selon laquelle le régime conserve l'initiative de la transition jusqu'en 1982, alors que les discours démontrent son érosion autour de 1979[9]. À la condition de l'envisager à partir de cette date, la relation dialectique que propose Smith, comme étant à la base du processus de la transition, s'accorde bien avec la tension entre les acteurs politiques qui ressortira de la configuration des discours[10]. Il reprend l'hypothèse de O'Donnell et Schmitter selon laquelle la transition n'a pas été influencée uniquement par l'État mais aussi par la société civile, pas uniquement par les élites mais aussi par les groupes subalternes constituant l'opposition (Smith: 184; O'Donnell et Schmitter).

La contribution d'une analyse des discours

Dans le débat actuel sur les nouvelles formes de démocratie qui s'implantent dans plusieurs pays d'Amérique latine, l'analyse du discours devrait occuper une place de

---

8. Même si les auteurs tentent de se prémunir contre cette objection: «But this negociation does not take place among equals [...]» (Share et Mainwaring: 175).

9. Voir p. 202. Les auteurs, à mon avis, minimisent l'importance des pressions issues de la société civile et de la mobilisation populaire, notamment lors de la formulation du projet de l'amnistie en 1979. Voir également p. 198.

10. Smith est plutôt d'avis que cette dynamique existe dès 1974. Voir p. 184.

choix. Que ce soit dans la réflexion sur les indices précurseurs d'un changement, sur la mise en oeuvre et la gestion de la transition, sur la reformulation des projets politiques, analyser un discours c'est faire ressortir la définition de l'exercice du pouvoir telle qu'envisagée par les acteurs politiques, l'image d'eux-mêmes qu'ils entretiennent ou veulent restaurer, sans oublier celle qu'ils ont ou désirent donner de leurs concurrents sur la scène politique.

Tout changement politique passe nécessairement, à long terme, par un changement discursif, sans que ces deux processus coïncident nécessairement dans le temps et sans qu'ils se modèlent l'un sur l'autre. Et c'est là d'ailleurs, dans cette relative autonomie du discursif sur le politique, que réside l'apport principal des études sur le discours. En tant que forme parmi d'autres de la pratique politique, la pratique discursive représente un domaine privilégié de la stratégie politique. Aucun dirigeant, à n'importe quelle époque de l'histoire et sous n'importe quel régime, ne s'est jamais passé du discours politique. S'il est choisi dans l'exercice du pouvoir pour faire circuler des prises de position, c'est aussi par lui et à travers lui que se mesurent les contradictions, les indéterminations, les oppositions.

Ce travail livre les résultats d'une recherche portant sur les discours officiels brésiliens produits durant la période dite de transition, c'est-à-dire s'échelonnant de 1964 à 1984. Son principal objectif relève de préoccupations théoriques et méthodologiques:

— démontrer l'utilité d'une approche pragmatique, et plus spécifiquement dialogique, à l'analyse du discours politique.

Deux autres objectifs, liés cette fois au choix du corpus, s'en détachent:

— reconstruire l'évolution du discours politique entre 1964 et 1984 et ses rapports avec l'entreprise de transition;

— retracer l'émergence d'un ou plusieurs discours alternatifs, phénomène essentiel de la démocratisation: quelle est la nature de ces discours, leurs conditions d'apparition, leur rapport de force avec le discours du pouvoir? Même si les discours de l'opposition ne constituent pas le noyau principal du corpus, et de l'analyse, il est impossible de les esquiver, d'abord compte tenu de leur importance historique pour la période sélectionnée, mais surtout parce que ces discours alternatifs se profilent à travers le propre discours du pouvoir et souvent à son insu.

Le scepticisme face aux discours

Les analyses de discours ont souvent eu à faire face à des réticences qui s'adressaient en fait à leur objet d'étude. La méfiance que l'on peut et doit avoir à l'égard des promesses électorales ou des énoncés démagogiques d'un politicien ne justifie pas que l'on exclue toute étude de ces discours et qu'ils soient décrétés sans intérêt. Bien au contraire, une telle analyse est susceptible de mettre à jour les mécanismes rhétoriques utilisés, d'en amorcer la critique et même de prévenir de ses effets persuasifs. Mais on trouve aussi la réaction inverse, où le fait de dire devient garant de la vérité: le discours n'est pas vu comme une manipulation mais, au contraire, comme une révélation. On pourrait gloser ainsi les énoncés courants sur le discours politique:

— les discours sont des distorsions de la réalité ou des façades qui cachent des intérêts inavouables. Tout homme politique adapte la vérité à ses intérêts, afin d'augmenter son potentiel électoral, de préserver sa marge de manœuvre politique, ce qui amène à conclure au divorce entre les discours et la pratique;

— les discours sont l'expression des valeurs et principes partagés au sein d'un groupe politique. Ainsi, à travers eux, on a accès à la pensée politique, aux intentions d'un homme d'État, d'un parti. Plutôt que d'invoquer les réalisations, on a recours au discours comme indice de l'adhésion à un projet.

Ces prises de position à l'égard du discours sont, comme on peut le constater, fort différentes sinon opposées. Des opinions diversifiées peuvent donc apparaître face au discours et à l'interprétation qu'on doit en donner. Cependant, là où le problème devient gênant, c'est lorsque ces deux interprétations cohabitent, comme c'est le cas dans de nombreuses études en sciences sociales. On y retrouve, souvent chez un même auteur, la dénonciation de telle ou telle pratique discursive comme une façade verbale alors qu'on n'hésitera pas, plus loin, à établir une preuve au moyen d'une citation de l'homme politique en question. Toutes maladroites que soient ces démarches et les jugements sur le discours qu'elles supposent, elles sont rarement perçues comme telles. Pourquoi? Peut-être est-ce dû au fait qu'elles ne prennent pas le discours comme centre de leur analyse mais l'utilisent non systématiquement et épisodiquement. Cela n'excuse pas ces écarts qui optent tour à tour pour la confiance ou la méfiance totale à l'égard des discours au gré des besoins de l'argumentation.

Ces points de vue sur le discours ont comme principal défaut non pas d'être faux mais d'être partiels. Ils ne considèrent que le contenu des paroles — ce qui est dit —, en tant que promesse pour des réalisations à venir, qu'ils confrontent ensuite à la pratique, ou encore comme reflet des idées, des intentions. Cet aller-retour entre le discursif et le non-discursif, qui apparaît comme le «réel», se fait finalement au détriment de l'analyse discursive: admettre que les propos révèlent le réel, ou sont démentis par lui, équivaut à considérer ces derniers comme secondaires. Ce que nous préconisons dans cette étude, c'est de regarder le discours dans son procès, c'est-à-dire dans le cours de son élaboration compte tenu des circonstances particulières qui prévalent, des participants et des rapports qu'ils entretiennent, et ce, par l'analyse de sa «texture», c'est-à-dire la façon dont il est construit. Plus que ce qui est dit, la fonction que l'on s'attribue et la manière de dire sont importantes.

L'étude des discours est essentielle à la compréhension de la transition qui est annoncée à partir de 1974. En effet, si cette date a été retenue, ce n'est pas tant à cause des changements factuels qui sont survenus qu'à cause d'une redéfinition des rôles des acteurs politiques qui s'établit d'abord et avant tout dans le discours. Cette redéfinition des rôles, le Président Geisel l'avait lancée sur la scène publique comme une promesse, en ponctuant parcimonieusement ses discours de cet argument. Mais ce sujet a été récupéré par les médias, l'opinion publique prenant une ampleur qui dégénérera bientôt en pressions sur le gouvernement pour préciser ses positions, établir un calendrier, etc. C'est là que l'action politique prend l'allure d'un antagonisme entre deux forces principales, celle des dirigeants et celle de l'opposition (entendue dans un sens large), basé sur la négociation de la transition. À partir du moment où le gouvernement se dit prêt à accomplir la *distensão*, il se constitue pour nous en énonciateur représentant cette option, tandis que les «bénéficiaires» de la *distensão* exprimeront un point de vue sur ce sujet, aussi en tant qu'énonciateurs défendant leurs intérêts et entrant souvent en conflit avec la position adverse. La nature même du débat sur la transition justifie donc la partition des discours en deux forces, les dirigeants et l'opposition, dont nous tenterons de préciser l'interaction tout au long du changement politique projeté. Nous ne prétendons pas que ces deux groupes aient une configuration politique immuable, car il ne fait aucun doute que se produisent continuellement d'importantes fluctuations sur les acteurs les composant: ainsi, en 1984, on a pu voir des membres du parti gouvernemental (PDS) militer en faveur de l'option oppositionnelle et se prononcer pour les élections directes. Pour cette raison, l'appellation *dirigeants* et *opposition* doit être comprise comme renvoyant aux positions assumées, plus particulièrement sur le plan discursif.

Dans notre perspective, l'antagonisme entre dirigeants et opposition lors de la transition se manifeste dans le discours au fur et à mesure de son élaboration, de son évolution et possède un caractère dynamique. Ce caractère nous interdit de voir les choix exprimés comme étant préétablis, antérieurement au débat qui se joue. Nous soutenons plutôt — et c'est ce qui fait un des intérêts de l'analyse du discours politique — que la discussion, la négociation s'ajustent en cours d'élaboration aux interventions antérieures, à celles anticipées. On comprend alors qu'un débat puisse ne pas être homogène, graduel mais plutôt qu'il se forge à coup d'arguments et de contre-arguments, d'avances et de reculs. Évidemment, les discours ne peuvent pas être totalement imprévisibles, étant donné qu'ils renvoient à des formations idéologiques précises; cependant, les prises de position assumées passent par des choix argumentatifs, l'organisation d'un discours, son évolution qui sont autant d'éléments qui se modèlent dans le contexte socio-historique.

Chapitre I

Enjeux théoriques et méthodologiques: du plan linguistique au plan idéologique*

Les jalons déjà posés

L'analyse de discours, appelée parfois «l'École française de l'analyse du discours» et inspirée des travaux de Harris (1952), renvoie à l'étude des particularités et des conditions d'une pratique discursive déterminée: selon Guespin (1971), repris par Maingueneau (1983), son objet est le discours, vu qu'elle s'attache à établir le lien entre la structure linguistique et les conditions de production des textes.

Cependant, il y a plusieurs façons de pratiquer l'analyse du discours. L'analyse thématique et l'analyse de contenu sont fortement représentées en sciences sociales. Ainsi, le discours politique, autoritaire ou de libéralisation, pourrait être étudié à partir des thèmes qu'il exploite. «On définit un domaine exploratoire, on le subdivise en catégories thématiques suggérées par la lecture informée et approfondie du

* Une version modifiée de ce chapitre a paru dans *Protée*, vol. 18, n° 2, printemps 1990.

matériel dont on dispose» (Robin 1973: 54). Bon nombre de discours autoritaires s'appuient sur des thèmes fortement récurrents et le Brésil n'y échappe pas. Santi et Sigal soulignent, pour l'Argentine et le Chili, que le discours vise à provoquer le ralliement autour d'une action présentée métaphoriquement comme une mission à accomplir pour le bien-être de la Nation. La défense de la Nation, ou encore de la Patrie, du Pays représente l'idéal: on se bat non pas pour des intérêts individuels ou des intérêts de classes mais pour une cause commune, dont le caractère abstrait dispense de toute précision quant aux objectifs à atteindre, quant aux modalités. Celui qui est à l'origine de cette *mission* prend le rôle de *sauveur* et ses actes lui sont dictés par la Nation quand ce n'est pas par Dieu lui-même, tel que manifesté surtout dans le discours du général Pinochet au Chili (cf. Santi et Sigal; Munizaga). Le thème du *mal*, de l'*ennemi* est aussi indispensable pour poursuivre la mise en place des rôles et leur expression métaphorique. Celui qui s'oppose au régime, qui est à la fois la justification de la *mission* et la menace la plus évidente, sera désigné par des thèmes liés aux domaines sémantiques de la religion (*mal*), de la guerre (*ennemi*) ou de la maladie (le *fléau*, le *cancer*). Au champ sémantique du bien et du mal, se juxtapose celui de l'ordre et du désordre. Les groupes d'opposition sont associés à l'anarchie, à l'absence de rationalité, au chaos pour s'orienter, chez les Argentins et les Chiliens, vers des connotations relevant du domaine de la maladie: le déséquilibre mental, la folie (Santi et Sigal).

Même si ces champs constituent des points d'étude intéressants et sûrement éclairants sur la prise de parole autoritaire, ils ne représentent pas l'objet principal de cette étude. Il nous apparaît important de préciser cette délimitation de notre objet, car elle a des incidences méthodologiques très fortes et se démarque sur les analyses de discours habituellement pratiquées en sciences sociales (sociologie du langage, anthropologie, etc.).

Nous ne travaillons pas sur des éléments de contenu donnés immédiatement à la surface du texte par ce qui est «dit» explicitement, mais le plus près possible du matériau linguistique, de son organisation, qu'elle soit explicite ou implicite. En cela, notre traitement du discours est aussi bien différent de ce qu'il est convenu d'appeler l'analyse de contenu. Rappelons que dans un tel traitement du texte, les unités, le plus souvent des mots, des thèmes, sont retenus comme un échantillonnage représentatif des valeurs véhiculées par les textes qui sont ensuite comparés à partir du nombre de leur occurrences dans un ensemble d'énoncés. La sélection de ces catégories doit se faire selon des critères rigoureux: exhaustivité, indépendance (pas d'inclusion, ni d'intersection des catégories), objectivité et pertinence, si l'on en croit Grawitz (1961: cité dans Robin 1973: 55-56). Or, les résultats obtenus à partir du décompte fréquentiel des unités lexicales ne peuvent être que partiels. En effet, si les récurrences d'un même signe renvoient aux thèmes principaux du texte et, par conséquent aux préoccupations du locuteur, elles ne rendent pas compte du rôle de cet élément linguistique dans le discours: à quel acte de parole se rapporte-t-il, quels sont les effets de sens visés, s'agit-il d'éléments présupposés? Voilà autant de questions nécessaires à l'interprétation des textes et qui peuvent être répondues en s'appuyant sur leurs propriétés discursives. Autrement dit, à ce relevé statistique, il manque une analyse plus fine de la valeur discursive des unités sélectionnées, de leurs relations.

L'analyse de contenu n'a pas su allier une étude des propriétés formelles du texte à une prise en compte non *ad hoc* des données contextuelles, que ce soit selon la version originale de l'analyse de contenu (Berelson) ou dans ses développements (Piault) visant à comparer l'association et l'organisation de thèmes d'un corpus «de manière à marquer ce que son contenu a de spécifique ou de singulier par rapport à d'autres corpus, ou à d'autres parties du même corpus» (Gardin: 95).

Les analyses de discours s'appuyant sur les propriétés linguistiques formelles des textes correspondent davantage à nos objectifs. Un certain nombre d'études se sont livrées à une discussion détaillée de ces analyses, comme Robin (1973) et Maingueneau (1976); nous ne ferons qu'en esquisser quelques-unes, qui témoignent de l'importance accordée par ce type d'analyse au repérage des unités linguistiques pertinentes. On trouve les analyses s'inspirant de la méthode de Harris, qui se concentre sur l'aspect syntaxique d'énoncés non-suivis, sélectionnés à partir de la forte récurrence des constructions ou des unités lexicales qu'ils renferment. Le corpus ainsi constitué sera étudié du point de vue structurel: «[...] On va chercher à déterminer des classes d'équivalence, en s'aidant des transformations pour la régularisation des phrases» (Maingueneau 1976: 78). De la décomposition des phrases pratiquées sur le corpus, on pourra construire des «phrases de base» représentatives des discours par le ou les invariants qu'elles sont censées contenir et leurs relations. L'analyse fournit ainsi un «modèle réduit (par les manipulations pratiquées) des énoncés du discours» (Maingueneau 1976: 79). L'exploitation du modèle obtenu peut se faire:

a) en mettant l'accent sur les unités lexicales dont il est constitué et qui lui servent d'invariants; le sens qu'elles acquièrent dans l'environnement linguistique est alors prioritaire;

b) ou encore en visant l'environnement linguistique lui-même de façon à mettre en relation les différentes classes d'équivalence; elle peut être complétée d'une étude statistique précise sur la présence ou l'exclusion de certains invariants dans des contextes déterminés, comme l'a suggéré Dubois.

Dans une perspective différente, Bourque et Duchastel recherchent «la production du social par le sens» (102) en étudiant une réalité socio-historique particulière, le duplessisme au Québec. Plus spécifiquement, ils ont entrepris «non seulement d'identifier les contenus caractérisant le discours politique duplessiste mais aussi de dévoiler à travers les comportements syntaxiques le travail de production du discours politique» (Bourque et Duchastel: 99). S'inspirant des principes de Bakhtine, Bourdieu et plusieurs autres, les auteurs soulignent l'importance des dichotomies sens/signe et sens/social. La méthodologie comporte cette particularité d'effectuer le traitement automatique des phrases des textes par l'application du logiciel Déredec (Plante): une description syntaxique est obtenue qui, grâce aux moyens techniques utilisés, ne constitue pas une réduction du corpus. Elle est complétée par une «catégorisation lexicale», visant à regrouper les unités et à les comparer en fonction de la problématique sociologique de l'étude. La procédure d'analyse proprement dite peut atteindre plusieurs objectifs: mesurer quantitativement l'importance de différentes catégories lexicales, ou encore l'occurrence des mots pour les mettre en relation avec le contexte syntaxique, faire ressortir l'environnement catégoriel ou lexical d'un mot. Cette vaste procédure, permettant de parcourir plusieurs textes et de les comparer, s'appuie prioritairement sur une description syntaxique de la phrase alliée à une étude lexicale.

Cette entreprise ne va pas sans rappeler les hypothèses de Michel Pêcheux concernant l'*Analyse automatique du discours* (1969), dont Bourque et Duchastel se réclament, au niveau théorique du moins. La brève description que nous en ferons, ne pourra rendre justice à la contribution de Pêcheux à l'analyse du discours et à son élaboration, mais fera néanmoins ressortir les grandes orientations d'une telle analyse[1]. La rencontre des conditions de production et de la formation discursive renvoie à la formation idéologique:

> On parlera de formation idéologique pour caractériser un élément susceptible d'intervenir, comme une force confrontée à d'autres forces, dans la conjoncture idéologique caractéristique d'une formation sociale en un moment donné; chaque

---

1. On pourra trouver une présentation des travaux de M. Pêcheux, entre autres dans R. Robin (1973), D. Maingueneau (1976) et J. M. Marandin (1979).

formation idéologique constitue ainsi un ensemble complexe d'attitudes et de représentations qui ne sont ni «individuelles», ni «universelles», mais se rapportent plus ou moins directement à des positions de classes en conflit les unes par rapport aux autres (Haroche et *al.*: 102).

Loin d'être à l'origine du sens, le sujet construit son discours à partir de la position idéologique qu'il occupe. C'est elle qui règle les opérations de substitution, de paraphrase, de métaphorisation constitutives d'une formation discursive. L'analyse se propose ainsi de mettre à jour les opérations caractéristiques d'une formation et leur rôle, en termes d'effets de sens liés au passage d'une formation à une autre. Elle traverse les étapes suivantes: segmentation en «séquences discursives autonomes», analyse syntaxique qui «correspond à une délinéarisation manuelle de la surface du texte» en vue de la comparaison des domaines d'énoncés (Pêcheux et *al.*). Ce traitement, comme l'a mentionné Maingueneau (1976: 86), ne va pas sans rappeler l'analyse harrissienne du discours. S'ajoute à cela l'analyse automatique qui suppose la «mise en œuvre de procédures algorithmiques» dans le but d'en arriver à la constitution de classes d'équivalence sémantiques et fournir une interprétation générale des résultats. Il nous semble important de souligner, néanmoins, le caractère prioritairement syntaxique de cette approche; même si la sémantique est sous-jacente, elle possède des «articulations floues» (Marandin: 34). La réflexion critique qui s'est amorcée sur les analyses inspirées des travaux de Pêcheux (1982) et sur l'analyse du discours en général (voir Courtine et Marandin) a souligné la nécessité de ne pas délaisser le fonctionnement discursif au profit d'études exclusivement syntaxiques ou lexicales sur le discours.

La revue, même brève et non exhaustive, des méthodes d'analyse de discours soulève, cependant, cette question de procédure: une analyse qui se veut basée sur la matérialité de la langue, est-elle condamnée à se limiter au mot-clé ou à une ou plusieurs constructions syntaxiques aisément repérables à la surface du texte? C'est précisément ce niveau que nous avons tenté de dépasser dans cette analyse qui se propose de rendre compte du fonctionnement discursif en s'appuyant sur les acquis de la pragmatique.

L'énonciation

Dans cette perspective, l'énonciation est cet acte individuel que réalise le locuteur en produisant l'énoncé. Cependant, tout énoncé (segment linguistique écrit ou oral) comporte des marques de son énonciation auxquelles il renvoie (voir les travaux de Ducrot et Anscombre (1976); entre autres Ducrot (1984a)). Ces marques permettent de remonter à l'acte d'énonciation et à la situation dans laquelle il s'est déroulé, autrement dit elles donnent des informations sur le destinataire, ses rapports avec le locuteur, l'attitude de ce dernier face à son énoncé, etc. La possibilité d'appréhender à travers un discours non seulement l'information immédiate, le sens premier qu'il prétend viser mais l'implicite énonciatif, explique notre parti pris théorique pour ce type d'analyse.

Dans cette optique, les marques de l'énonciation sont ni plus ni moins que les différentes catégories et constructions linguistiques, auxquelles par définition — c'est-à-dire par la nature même de leur rôle en langue — on reconnaît une contribution à l'élaboration du sens. Le domaine qui les prend en charge vise à rendre compte des propriétés «non logiques» des langues, pour reprendre l'expression de Ducrot (1979: 31).

> Leur fonction première [...] est d'offrir aux interlocuteurs un ensemble de modes d'actions stéréotypés, leur permettant de jouer et de s'imposer mutuellement des rôles: parmi ces modes d'action conventionnels, préexistants à leur emploi par les sujets parlants, je place les virtualités argumentatives constitutives, pour moi, de la signification (Ducrot 1979: 31-32).

Nous nous référons à la *pragmatique intégrée*, qui reçoit parfois l'appellation de *pragmatique linguistique* (voir Anscombre 1975: 2):

> L'objet de la pragmatique sémantique (ou linguistique) est précisément de décrire systématiquement les images de l'énonciation qui sont véhiculées à travers l'énoncé: il ne s'agit pas de ce que le sujet parlant fait lorsqu'il parle, mais de ce qu'il «dit» faire (Ducrot 1982: 4).

Les pistes auxquelles nous aurons recours dans l'interprétation des textes, s'appuient prioritairement sur ces formes linguistiques (pronoms, substantifs, etc.) qui intègrent de façon conventionnelle un caractère argumentatif. Il convient, cependant, d'ajouter à cette analyse une composante chargée d'effectuer un aller-retour constant de la langue à la réalité socio-historique.

Mises en garde

En effet, le discours politique oblige à dépasser la problématique de l'énonciation pour prendre en considération d'autres facteurs que les circonstances immédiates de la mise en discours, et qui sont liés au contexte socio-politique. Bon nombre d'études ont fait état de la complexité du rapport entre le discours et le contexte socio-politique. Dès le début des années 70, plusieurs auteurs, dans leur réflexion sur le discours politique, ont insisté sur l'importance du cadre institutionnel et sur les contraintes qu'il impose au discours; d'autres facteurs liés à l'espace, au temps — bref le contexte socio-historique — sont déterminants et en font une pratique discursive réglée (Maldidier, Normand et Robin). On insiste sur le fait qu'il ne suffit pas d'étudier la structuration en *langue* d'un texte, mais que l'analyse linguistique doit rendre compte des conditions de production «(cadre institutionnel, appareil idéologique dans lequel il s'inscrit, représentations qui le sous-tendent, conjoncture politique, rapport de forces, effets stratégiques recherchés, etc.)» (Robin 1973) qui le déterminent (voir discussion dans Guespin 1976).

L'emprunt qui a été fait aux théories linguistiques de la notion d'énonciation a soulevé des critiques qui remettaient en question le rapport discours/conditions de production. L'énonciation qui inscrit simplement l'énoncé dans une situation et qui se rapporte à l'acte individuel de constitution d'un discours est insatisfaisante pour éclairer ce rapport (Marandin: 27). Dans la même ligne de pensée, fait surface une critique de la conception intentionnelle du *sujet*, ce dernier y étant présenté comme maître du sens et donc libre dans la constitution de son discours — conception dominante en pragmatique. Peut-être est-il excessif de parler de méfiance à l'égard du traitement linguistique du discours politique, mais on ne peut négliger les mises en garde face à un tel traitement[2].

Inspirée des travaux de Bakhtine, la tendance actuelle est de mettre l'accent sur «l'hétérogénéité constitutive» de tout discours (Authier-Revuz 1984). L'importance accordée à l'interdiscours accentue la rupture avec la thèse du sujet individuel: «Cette [...] hypothèse revient à poser qu'on ne peut pas considérer une formation discursive dans sa clôture: elle ne se constitue, se maintient et se défait que dans l'interdiscours qu'elle forme avec celles, alliées ou concurrentes, auxquelles elle est confrontée[3] (Maingueneau 1983: 68)».

---

2. On la retrouve aussi dans cet article de R. Robin (1986): «Elle (l'analyse de discours) rappelle dans sa ténacité à l'intérieur de la problématique même de chaque discipline, que le registre de la langue est irréductible à un ensemble d'actes, de conduites ou de pratiques sociales, de même qu'il ne saurait se réduire à une machine logico-sémantique» (127).

3. L'auteur définit l'interdiscours comme «un système dans lequel la définition du réseau sémantique circonscrivant la spécificité d'un discours coïncide avec la définition des relations de ce discours à son Autre» (Maingueneau 1984: 30).

Cette orientation transforme du même coup la conception du lien entre discours et idéologie: «Si on accepte que le discours est une des instances matérielles de l'idéologie, nous définirons l'efficace idéologique [...] comme un procès de répétitions plus ou moins réglé — polymorphe dans les discours quotidiens, ritualisé dans les discours d'appareil — où les paroles se prennent dans le lacis des reformulations: répétitions sur le mode de la reconnaissance des énoncés et sur le mode de la méconnaissance de l'interdiscours» (Courtine et Marandin: 31). L'approche linguistique serait pertinente par la recherche, au fil des discours, des éléments de répétition ainsi que de leurs marques possibles, tout en étant subordonnée à la prise en compte des positions idéologiques.

L'ouverture sur d'autres discours

Enrichie de ces réflexions critiques à l'égard du domaine de l'analyse du discours, notre étude vise à tirer profit de la rencontre de trois problématiques:

— celle liée à l'étude socio-politique des idéologies;

— celle issue du domaine de la critique littéraire et portant sur le dialogisme;

— enfin, celle s'appuyant sur des données pragmatiques.

Selon le principe bakhtinien de *dialogisme*, un énoncé, même s'il se présente comme original, forme sa signification à partir d'énoncés produits ailleurs, antérieurement, ce qui fait que sa signification n'est jamais entièrement nouvelle mais qu'elle s'inscrit dans un mouvement déjà amorcé par d'autres discours. Le repérage linguistique des formes dialogiques, ou de l'hétérogénéité constitutive pour emprunter la terminologie de Authier-Revuz (1984), ne va pas sans poser des problèmes à l'analyse. L'auteur reconnaît deux options possibles. Les éléments linguistiques liés au dialogisme peuvent être marqués syntaxiquement par une rupture, comme lors de l'insertion d'un autre acte d'énonciation par le discours direct (*A a dit: «X»*), ou encore par un terme métalinguistique (*le mot «X» veut dire...*). Dans d'autres cas, cependant, il n'y a pas de rupture mais plutôt intégration au fil du discours: les guillemets, les italiques, et, parfois l'incise, en sont des exemples. L'auteur regroupe sous le nom de *connotation autonymique* cette deuxième option, dont le repérage ne semble pouvoir s'effectuer qu'en considérant l'environnement discursif: «[...] de statut complexe, l'élément mentionné est inscrit dans la continuité syntaxique du discours en même temps que, par des marques qui, dans ce cas ne sont pas redondantes, il est renvoyé à l'extérieur de celui-ci» (Authier-Revuz 1984: 103). À ces cas de dialogisme inscrits dans le fil du discours, nous ajouterons ceux abordés par Ducrot et Anscombre dans plusieurs de leurs travaux récents par le biais de la *polyphonie*: bon nombre de cas étudiés concernent des connecteurs qui font intervenir un niveau implicite pouvant être rattaché au discours d'un autre (voir Ducrot et *al.* 1980; Ducrot 1984a, 1984b).

Pour ce qui est de la portée des recherches sur le dialogisme, elle est très justement envisagée par Authier-Revuz comme une forme d'appréhension des enjeux idéologiques: le monologisme peut être le moyen exploité par les couches dominantes pour valoriser leurs intérêts, étant donné qu'il exprime une seule voix et la présente comme exclusive. Par contre, le dialogisme reproduit la complexité sociale où variété et différence ont cours (Authier-Revuz 1982, 1984). Ce rapport du dialogisme à la pratique politique est particulièrement vrai en ce qui concerne les manifestations de l'autoritarisme: l'exercice de la censure, le peu de circulation des discours — hormis les discours officiels — en témoignent.

Partant du présupposé que les intentions du locuteur responsable du texte à analyser, et son interprétation personnelle de la situation d'énonciation ne sont pas déterminantes dans la production du sens d'un texte, mais sont elles-mêmes subordonnées à la formation idéologique à laquelle s'identifie le locuteur et au contexte socio-historique plus général, il importe de retracer comment le discours contribue à construire de telles positions. En effet, l'argumentation non seulement reflète mais construit une vision de ce contexte en fonction de l'idéologie du groupe auquel appartient le locuteur et dont il est le représentant. Mais cette appartenance idéologique ne doit pas être vue comme «un aspect complémentaire au texte pour nous aider à mieux le comprendre». Elle fait partie intégrante du texte lui-même. Le texte fournit une *représentation* de la réalité et non la réalité elle-même. Il est indispensable que l'analyse traite conjointement les aspects idéologiques et linguistiques et précise leur articulation. Qu'on ne s'y méprenne pas: il ne s'agit pas pour l'analyse d'épurer cette *représentation* pour faire ressortir les faits dits objectifs. Cette quête de la Vérité est non seulement en contradiction avec le rôle que nous attribuons à l'idéologie mais, en plus, rend caduque toute tentative d'analyse du discours.

Nous nous en tiendrons donc à ces interprétations, ces points de vue qui se manifestent dans les textes et tenterons de voir comment ils se répondent dans l'interdiscours. Précisons d'abord quelques notions auxquelles nous aurons recours. La distinction déjà proposée en pragmatique entre *locuteur* et *énonciateur* (Ducrot et *al.* 1980: 43, entre autres) est essentielle; alors que le locuteur, «c'est le responsable prétendu de l'énoncé, celui qui, dans le sens même de l'énoncé est présenté comme l'être à qui on doit imputer l'apparition de cet énoncé» (Ducrot 1982: 74), les énonciateurs sont ceux qui apparaissent, par le sens même de l'énoncé comme les responsables des actes de langage. Cette distinction nous servira à préciser le lien entre locuteur et formation idéologique. Nous dirons, en élargissant cette distinction, qu'un locuteur L exprime dans sa production discursive le point de vue d'un énonciateur E, qui est en fait le représentant d'une formation idéologique donnée. On ne peut parler de point de vue que comparativement à d'autres positions possibles: imaginons pour la simplicité de l'exposé, un seul destinataire représentant les vues d'un énonciateur virtuel E'. Cela est particulièrement vrai avec le discours politique, qui, comme l'a mentionné Maingueneau (1984), possède une dimension polémique évidente. L'antagonisme de deux formations E/E' sera à la base des productions discursives.

À la suite des travaux basés sur ceux du Cercle de Bakhtine, un texte ne peut être considéré seul mais dans son interdiscursivité: en effet, il surgit en réponse à d'autres textes. Maingueneau (1984: 30) définit l'*interdiscours* comme «un système dans lequel la définition du réseau sémantique circonscrivant la spécificité d'un discours coïncide avec la définition des relations de ce discours à son Autre». Mais il ne faudrait pas voir l'interdiscursivité comme une masse indistincte de textes à laquelle le discours nouveau ferait écho. Chaque nouvelle intervention discursive apporte une contribution particulière: elle s'appuie sur du *préconstruit* (Henry) mais qu'elle reformule de façon dynamique, susceptible d'en assurer ou la répétition ou la modification, par un nouveau consensus idéologique. C'est là que nos vues rencontrent celles de Courtine et Marandin qui ont souligné le danger d'un glissement vers l'homogénéité, l'immobilisme. Comment serait-il possible d'envisager l'évolution des positions idéologiques et de leurs manifestations discursives si le discours ne pouvait que reproduire des formulations? La nécessité de rendre compte de la prévisibilité des discours à l'intérieur d'une certaine formation idéologique ne peut se faire, me semble-t-il, aux dépends d'une dynamique de changement possible à l'intérieur de la formation idéologique. Il faut donc envisager un interdiscours qui manifeste de façon possiblement non homogène et discontinue les prises de positions idéologiques d'un groupe, au gré des interventions discursives qui surgissent:

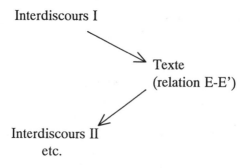

Interdiscours I

Texte
(relation E-E')

Interdiscours II
etc.

Pour une pragmatique «élargie»

Du point de vue de la structure des textes, notre étude du discours politique brésilien vise à faire apparaître les rapports du gouvernement et de l'opposition. Mais parler simplement de divergences de positions ou d'opinions entre ces deux groupes équivaudrait à une affirmation évidente, un retour sur la définition même de ces groupes et qui serait valable dans n'importe quelle réalité politique. L'étude du discours nous fournit justement le moyen de dépasser ce niveau et d'aborder les pratiques discursives, au sens de Foucault:

> [...] c'est un ensemble de règles anonymes, historiques, toujours déterminées dans le temps et l'espace qui ont défini, à une époque donnée, et pour une aire sociale, économique, géographique ou linguistique donnée, les conditions d'exercice de la fonction énonciative (153).

Dans le discours autoritaire brésilien, le gouvernement tente d'éluder les questions conflictuelles pour ne faire apparaître à la surface du discours que des divergences d'opinion: c'est donc dire que non seulement le contenu mais aussi l'image que les groupes se font d'eux-mêmes et des autres constituent un des enjeux essentiels des productions discursives.

Comme point de départ, l'analyse doit porter non pas sur des éléments appartenant à l'énoncé (et sa structure superficielle) mais sur des éléments abstraits. Ces propositions concernant les rapports entre les participants seraient le résultat d'une analyse syntactico-pragmatique des constructions linguistiques qui les portent. Elles peuvent être obtenues principalement par trois procédés: décodage des *affirmations explicites* contenues dans le discours, mais elles peuvent être déduites du fonctionnement de *certaines constructions syntaxiques* et obtenues par calcul inférentiel en se basant sur l'effet escompté par l'utilisation d'un *item lexical*. Mais ces rapports peuvent aussi se manifester dans l'organisation sémantico-pragmatique du texte dans laquelle le *dialogisme* joue un rôle essentiel.

Cette prise de position est en accord avec certains présupposés: la pratique discursive en tant qu'elle manifeste et construit l'identité des participants (l'identification politique et idéologique pour les textes qui nous concernent), leur prise de position et vise certains effets, s'étend à tous les niveaux du texte et ne privilégie pas une construction unique. Pour cette raison, l'analyste n'a pas à sélectionner une catégorie seulement, qu'elle soit lexicale ou syntaxique — comme cela a été la pratique dans la majorité des études en analyse du discours — et, au contraire, il a tout intérêt à faire intervenir, dans la mesure du possible, un grand nombre de constructions pouvant caractériser la pratique discursive. Bref, il s'agit d'un travail linguistique sur le texte, sur sa *matérialité* (Robin 1986), mais qui (sans ménagement pour la quiétude de l'analyste) ne s'amorce pas à partir d'une catégorie linguistique stable. C'est plutôt en correspondance avec l'objectif général de la recherche, qui peut trouver une formulation issue de la sociologie, de l'histoire, de l'anthropologie, que doit s'établir la pertinence des constructions, des catégories linguistiques.

Une telle analyse du discours politique basée non pas uniquement sur l'énoncé mais sur des propositions extraites de la structure superficielle, prenant la forme d'inférences, demande une procédure rigoureuse pour faire apparaître ces inférences. À la suite de Kerbrat-Orecchioni, nous appellerons *inférence* toute proposition implicite que l'on peut extraire d'un énoncé, et déduire de son contenu littéral en combinant des informations de contenu variable (internes ou externes) (1986: 24). Or, ce n'est que par une mise en correspondance étroite des différents niveaux linguistiques, lexical, syntaxique, sémantique et pragmatique, que ce résultat peut être atteint. Il ne s'agit pas de balayer le texte d'abord du point de vue lexical, puis du point de vue syntaxique, comme si chacun de ces niveaux étaient autonomes, mais plutôt de les faire intervenir simultanément, chaque niveau étant susceptible de renforcer l'autre, comme l'illustre cet énoncé:

> Nous sommes réellement unis — peuple et Gouvernement (12 mars 1977).

Cet énoncé pose explicitement l'union des protagonistes, peuple et gouvernement, qui se trouvent à être les participants du discours actualisé, d'où le recours au *nous* collectif qui à la fois atteste et renforce cette association. Une telle interprétation nous est livrée par le contenu du discours mais aussi par une catégorie, les pronoms, qui, utilisée pour renvoyer aux participants du discours, nous fait accéder à ce palier sémantico-pragmatique que nous appellerons le schéma énonciatif: les pronoms renvoient aux participants de l'interlocution (*je/tu*) mais aussi possiblement, par extension, aux formations en présence (E/E').

La suite du discours déjà cité vient éclairer l'usage de *réellement* ci-dessus.

> [...] Contredisant les prédictions et les affirmations de ceux qui s'opposent à nous. L'Opposition prétend que le gouvernement et la Nation sont désunis, mais je ne le crois pas.

Ces deux énoncés aussi simples qu'ils paraissent sont riches d'information (voir l'analyse précise au chapitre III). D'abord on apprend que c'est l'opposition qui met en doute l'association peuple/gouvernement, et que, ce faisant, elle s'oppose au gouvernement et au peuple (*nous* à la première ligne). Elle apparaît ainsi comme l'ennemi, non seulement du gouvernement — déclaration qui ne surprendrait qu'à demi — mais aussi du peuple, de la Nation.

Faisons le point: le jeu des pronoms et les substitutions lexicales par les termes *opposition, gouvernement, nation* mettent en place l'opposition *nous* (Gouvernement/peuple) à la troisième personne *elle* (opposition). Compte tenu de la théorie de l'énonciation de Benvéniste, le pronom de la troisième personne est celui de la *non-personne*, celui que l'on désigne et qui est exclu de l'échange discursif en cours. Cette particularité pragmatique est en correspondance avec l'effort de marginalisation de l'opposition de la part du gouvernement et des rapprochements qui sont faits constamment dans le discours avec l'ennemi. Cela est d'autant plus efficace que le discours dominant n'essaie pas de convaincre que l'opposition est contre le gouvernement mais qu'elle est contre le peuple. Or la cohérence de ce procédé s'explique à partir des principes de la doctrine de la Sécurité nationale, selon laquelle les militaires ont pour mission de défendre la nation contre tout ce qui la menace. Il s'agit de la manifestation dans l'intradiscours (par le jeu des pronoms) d'une structure présente dans l'interdiscours. Voici donc un cas de procédé discursif dont l'importance et la contribution ne peuvent être mesurées qu'en rapport avec la dimension socio-historique.

C'est dans la mise en rapport de l'implicite discursif avec les choix linguistiques opérés que l'analyse linguistique pratiquée dans le cadre de l'analyse du discours semble la plus utile à faire ressortir les éléments se rapportant directement à l'idéologie.

Le «savoir partagé»

Le lien entre l'implicite et la position idéologique s'établit en considérant chaque nouvelle production discursive, c'est-à-dire chaque texte; il ne se limite pas à lui. En fait, chaque texte reformule des propositions, des relations que le destinataire est susceptible de reconnaître comme appartenant à une position idéologique donnée. Nous poserons donc qu'il existe un réseau de propositions que les textes réactualisent et qui sont représentatifs des formations idéologiques. Ce réseau constituerait en quelque sorte la *cohérence idéologique* dont se prévalent les groupes politiques: c'est ce que nous appellerons le *savoir partagé*[4].

Une telle entité théorique serait tout à fait compatible avec les études pragmatiques sur la genèse de l'implicite. Ainsi, pour reprendre une conception récente du décodage discursif, nous dirons que tout discours est abordé à partir d'un ensemble de croyances, d'attitudes, de connaissances sous-jacentes au texte mais qui permettent son interprétation. Cet ensemble n'est pas constitué d'énoncés, donc de segments actualisés mais plutôt d'éléments abstraits, de propositions. On y a fait référence de façon large avec des termes comme *background information* (Searle), *complexe de présupposés* (Schmidt), *compétence encyclopédique* (Kerbrat-Orecchioni). En ce qui nous concerne, la pertinence de cet ensemble de propositions réside dans le fait que certaines d'entre elles peuvent, par leur aspect axiologique, constituer «ce qui peut et doit être dit» par une formation idéologique. Ce *savoir partagé* ne vaut que pour une formation idéologique déterminée, mais il est susceptible de faire l'objet de citations ou de reformulations de la part des autres formations.

---

4. La notion de savoir étant empruntée à M. Foucault (1969).

Savoir partagé E

I- ensemble de propositions p_1, p_2 ... p_n

II- ensemble de relations
entre les propositions R_1, R_2 ... R_n
tel que: p_1 R_1 p_2

$\quad\quad\quad\quad$ p_{n-1} R_n p_n

III- techniques énonciatives:
ensemble de stratégies S_1, S_2 ... S_n
portant sur les propositions p_1, p_2 ... p_n
et leurs relations R_1, R_2 ... R_n.

← Texte de E

Il déterminerait les *choix lexicaux*, qui loin d'être neutres règlent l'interprétation en la situant dans un réseau complexe de propositions ayant une cohérence propre. Ainsi, dans le discours autoritaire brésilien, l'emploi du terme *sécurité* ne peut être compris qu'en rapport avec un ensemble plus vaste de relations établies par le discours entre *sécurité* et *développement*. Il détermine aussi l'emploi de *formes syntaxiques* et explique les effets stylistiques et pragmatiques recherchés: concession, connivence, ironie, etc., sont autant de mouvements discursifs qui peuvent être compris à partir des positions et valeurs partagées par un groupe. Assigner une interprétation à un texte, c'est notamment confronter les propositions qui y sont contenues avec celles du savoir partagé d'un groupe. Cependant, ce savoir a une structure complexe: il n'est pas constitué uniquement d'une liste de propositions mais aussi de leurs relations, autrement dit d'un *mouvement argumentatif* affichant des liens de causalité, d'opposition, etc., entre les éléments. Ceci devrait rendre compte de la prévisibilité très forte qui existe face à certains types de discours comme le discours autoritaire, prévisibilité qui se manifeste non seulement dans le choix des termes utilisés ou des constructions syntaxiques, mais aussi dans le choix et l'arrangement des arguments, comme dans le cas ci-haut mentionné de l'utilisation de l'argument de la sécurité et du développement. Finalement, une autre catégorie d'éléments devrait figurer dans ce savoir partagé: il s'agit plus spécifiquement des éléments concernant les *techniques énonciatives* en vigueur dans les pratiques discursives du groupe en question. Nous désignons par là tout ce qui relève de la mise en forme des discours, des pratiques interactionnelles et par lesquelles un groupe s'identifie et se reconnaît: le *dialogisme* constitue certainement un de ces mécanismes énonciatifs. Comme c'est le cas pour les choix lexicaux, syntaxiques et argumentatifs, il est susceptible de caractériser les «habitudes» discursives d'un groupe donné et de permettre l'interprétation. En effet, même si le savoir partagé est celui d'une formation idéologique, l'image qu'il se fait du groupe adverse y est intégrée. Par exemple, ce sont les mêmes principes de sécurité et développement qui serviront, dans notre corpus, à qualifier le discours de l'opposition de subversif. Cette image peut figurer explicitement, implicitement et ressortir des pratiques liées au dialogisme.

Même si le rôle du dialogisme ne peut être réellement apprécié qu'en tenant compte des enjeux politiques, on ne saurait le caractériser sans une analyse linguistique précise. Les diverses voix présentes à l'intérieur d'un texte sont soumises aux règles de structuration du texte, qui, elles, déterminent la distance plus ou moins grande du locuteur à l'égard des propositions appartenant aux autres énonciateurs et son degré de prise en charge. Nous croyons utile de distinguer *distance* et *prise en charge*. Plus le discours d'autrui est présenté de façon explicite, plus la *distance* du locuteur L à l'égard de l'énoncé est grande. Inversement, l'intégration du discours d'autrui dans le discours citant (au moyen de procédés linguistiques connus comme les connecteurs, les choix lexicaux...) réduit la distance entre ces deux discours. Par contre, la *prise en charge* dépend de l'accord, de l'adhésion que le locuteur manifeste à l'endroit du discours d'autrui.

On a toujours accordé beaucoup d'importance au pour ou contre que le locuteur affichait, c'est-à-dire à la prise en charge; pourtant d'un point de vue linguistique, la distance, c'est-à-dire la manifestation de la prise en charge sur le mode de l'implicite ou de l'explicite est autant sinon plus révélatrice des rapports entre participants. Elle peut témoigner de la non-reconnaissance publique du discours d'autrui en faisant passer pour évidentes certaines affirmations, en ne voulant pas dévoiler la source d'un discours, en évitant la discussion sur les propositions de l'Autre.

Cette entité qu'est le savoir partagé, on le remarquera, ne peut qu'être le produit d'une analyse de discours et ne saurait dans son ensemble être fixée *a priori*. Bien qu'on puisse avoir une idée intuitive des propositions caractérisant le discours autoritaire (niveau I), les relations entre ces propositions et les techniques énonciatives pratiquées sur elles (niveaux II et III) ne peuvent qu'être construites par l'analyse. Ceci est garanti par la caractérisation même du savoir partagé: non pas une liste d'éléments linguistiques mais un tout organisé, formé de relations complexes entre les aspects syntaxiques, sémantiques, rhétoriques ainsi que dialogiques. Il revient justement à l'analyse de reconstruire par la pluralité des textes étudiés, ce savoir sous-jacent. Pour reprendre la dichotomie *type/token* de Peirce, chaque nouveau texte mobilise des propositions que le destinataire pourra reconnaître comme valides, si elles entrent en correspondance avec le savoir-type d'une formation[5]. Il est bien important de considérer que cette entité se profile autant dans la production d'un texte que dans son interprétation: cette dernière suppose la reconnaissance par le destinataire du savoir mobi-

---

5. Nous utiliserons la définition qu'en donne J. Lyons: «The relationship between tokens and types will be referred to as one of instantiation; tokens, we will say, instantiate their type» (13); «The relationship of instantiation involves the recognition of identity relative to some purpose or function» (15).

lisé dans chaque nouveau texte[6]. Cela ne signifie pas le cloisonnement, l'homogénéité des discours, puisque, comme nous l'avons mentionné, les pratiques dialogiques doivent faire partie intégrante de chacune des formations. Dans la pratique de l'analyse, l'intradiscours (le texte même) peut manifester des zones «d'imprévisibilité»: imaginons qu'un enchaînement de propositions de l'énonciateur E ne puisse entrer en correspondance avec le savoir de sa formation. L'analyste sera confronté à deux options: soit d'y voir une simple divergence ponctuelle, c'est-à-dire isolée, soit de conclure à l'amorce d'un changement au sein de la pratique discursive d'une formation. Seule la comparaison avec d'autres textes permettra de fixer un diagnostic précis.

Voyons sur un exemple comment le savoir partagé a le pouvoir d'expliquer les conditions d'apparition des propositions implicites et leur valeur:

> J'espère que le peuple m'appuie, me comprend et admet que ces mesures — de caractère exceptionnel mais tout à fait légal — sont faites et adoptées dans l'intérêt de la nation brésilienne (1er avril 1977).

Les travaux de Ducrot et Anscombre (1977; Ducrot et *al.* 1980) en pragmatique ont bien établi la valeur d'opposition du connecteur *mais*. Dans la séquence *X mais Y*, X renvoie à un argument présenté en faveur d'une conclusion *r*, tandis que Y renvoie à un argument en faveur de la conclusion opposée *non-r*, conclusion vers laquelle tend la séquence dans son ensemble. De l'énoncé «cet ordinateur est bruyant

---

6. D. Maingueneau (1984) y voit une «compétence discursive». Tout en étant d'accord avec la caractérisation qu'il en donne (pp. 54-55), nous insistons sur la possibilité de reconfigurer le savoir partagé sous la pression d'innovations dans les productions discursives, bref de saisir son évolution, ce que le terme «compétence», dans son utilisation en syntaxe du moins, ne permet pas.

mais rapide», on pourrait dégager le mouvement argumentatif suivant:

cet ordinateur est bruyant ... *r*: je n'apprécie pas cet ordinateur

cet ordinateur est rapide ... *non-r*: j'apprécie cet ordinateur

De même dans l'extrait de discours ci-dessus, on pourrait dégager des conclusions opposées:

«mesures exceptionnelles» ... *r*: ce sont des mesures à éviter

«mesures légales» ... *non-r*: ce ne sont pas des mesures à éviter

Mais cette valeur argumentative d'opposition n'a pas un grand pouvoir explicatif des rapports entre participants sur des énoncés hors-contexte. Pour que les enjeux apparaissent, il faut avoir recours au savoir partagé, à l'interdiscours chargé d'expliquer le mode constitution des conclusions *r* et *non-r* et leur valeur pour les groupes impliqués. Le gouvernement tient à répondre aux objections éventuelles de l'opposition qui verrait dans la fermeture du Congrès une mesure illégale (proposition que l'on pourrait retracer dans le savoir partagé du groupe de l'opposition).

Notons aussi que la justification prend appui sur la rationalité techno-bureaucratique, en invoquant l'argument de la légalité. Ce trait devrait aussi se retrouver dans le savoir partagé du groupe au pouvoir, mais en tant que technique discursive. L'intertexte ne pourra que confirmer cette pratique, car elle revient souvent dans les discours du Président Geisel.

Un autre exemple servira à illustrer la valeur du calcul des présupposés et l'aller retour entre l'intradiscours (le texte) et l'interdiscours (le savoir partagé). Il s'agit des réactions de l'opposition en 1977 au moment de la fermeture du Congrès par le gouvernement Geisel. Dans une lettre aux

Brésiliens transmise par les juges et publiée dans les journaux, se trouve l'affirmation suivante:

> [...] l'ordre imposé, *provenant des instances supérieures vers
> le bas*, est un ordre illégitime parce qu'avant tout, son origine
> est illégitime (2 avril 1977).

De la partie en italiques, on peut extraire un présupposé
lié à l'utilisation d'une structure participiale: l'ordre imposé
provient des instances supérieures vers le bas. Or, une telle
proposition devrait entrer en correspondance avec une autre
figurant dans le savoir partagé du groupe de l'opposition;
elle serait affectée d'une valeur négative, comme étant un
principe que rejette ce groupe et par lequel il s'affronte au
gouvernement militaire en tant qu'usurpateur du pouvoir.
C'est précisément suite à l'apparition de cette affirmation
tout au long des discours de l'opposition qu'il est possible
de l'inclure dans le savoir partagé du groupe en question.
En outre, le prolongement de l'énoncé par «parce qu'avant
tout son origine est illégitime» vient confirmer la validité du
présupposé.

Cet exemple confirme aussi l'importance de dépasser
le simple niveau des énoncés et des propositions élémentaires
qui leur correspondent. Leur enchaînement au fil du texte
fait apparaître des relations et des stratégies discursives qui
risquent de passer inaperçues dans de courts segments. Il en
ressort une autre particularité du savoir partagé: il rend
compte du mouvement argumentatif liant les énoncés, ce qui
en fait un tout structuré, organisé.

Toute informelle que soit la description que nous avons
proposée du *savoir partagé*, elle n'en comporte pas moins,
à notre avis, des éléments essentiels pour l'articulation dis-
cours/idéologie, tout en s'élaborant à partir d'horizons divers
— pragmatique, linguistique, théorie des idéologies. La
notion de savoir partagé a aussi un rôle important à jouer
dans la prise en compte de l'évolution des discours. La confrontation du texte x produit avec le savoir partagé E ou E'

n'est possible que si ces deux entités entrent dans la relation *type/token*. Un texte donné étant l'actualisation de principes généraux prévus par le savoir partagé et ce dernier, un tout organisé constitué en mémoire au fur et à mesure de l'analyse, la démarche d'analyse consiste justement à établir entre eux les points d'analogie, de répétition, mais aussi des points de divergence. En effet, l'impossibilité à retracer des points de répétition est aussi significative: si elle se confirme par une récurrence de la nouvelle formulation dans l'intertexte, elle pourra être interprétée comme un changement dans la pratique discursive d'une formation.

Chaque nouveau discours ne fait que reposer la question du consensus idéologique à propos d'un événement politique dans une conjoncture particulière. Autrement dit, si en surface chaque texte est différent, il fait travailler des principes, des mécanismes discursifs en accord avec ceux des savoirs partagés de chaque formation respective. Il peut y avoir reformulation sur le mode de la répétition (Marandin), mais aussi sur le mode du changement; c'est précisément par la confrontation des textes avec le savoir partagé, formé à partir de l'interdiscours, que leur dimension idéologique risque d'apparaître.

Constitution du corpus et démarche

Notre corpus est constitué de discours officiels des détenteurs du pouvoir (le haut commandement militaire, le Président en tant que chef de l'Exécutif, le parti au pouvoir) s'échelonnant en diachronie de 1964 à 1984. Ce large corpus doit servir la problématique de départ que nous nous sommes fixée: rendre compte des rapports entre le gouvernement et l'opposition, tels que construits par le discours dominant. C'est donc sur ce dernier que nous avons concentré notre étude. Un autre facteur, lié à la situation politique, guidait notre choix: l'absence quasi totale de circulation des discours de l'opposition durant la période autoritaire faisait de ce dernier un outil de travail peu sûr. Cependant, afin de pouvoir mieux apprécier le degré de dialogisme du discours dominant, il est nécessaire de prendre en considération le discours de l'Autre, en l'occurrence de l'opposition. En tant que réaction, intervention à partir du discours dominant, nous avons aussi considéré les discours des représentants de la société civile (les partis et groupes d'opposition, les organisations syndicales, l'Église) quand ils étaient disponibles, ce qui exclut les périodes fortement répressives. Dans tous les cas, ce sont les discours reproduits textuellement par les journaux et les publications officielles du gouvernement (et non les commentaires) qui ont constitué la matière première de ce travail systématique d'analyse.

Par souci de réalisme et pour préserver le caractère rigoureux de notre recherche, une sélection des discours produits durant la période 1964-84 a dû être effectuée. Nous avons constitué un corpus de base en opérant une sélection de quatre périodes politiquement marquantes, s'étendant sur deux mois chacune[7]:

---

7. Les discours ou segments des discours ont été puisés dans les journaux suivants: *Estado de São Paulo, Folha de São Paulo, Gazeta Mercantil, Jornal do Brasil, Jornal de Brasília, O Correio Brasiliense, O Correio da Manhã, O Globo*, pour les périodes suivantes: décembre 1968-janvier 1969, mars-avril 1977, juin-juillet 1979, mars-avril 1984. Ajoutons à cela les publications officielles des discours du Président J. Figueiredo: João Figueiredo, *Discursos*, Presidência da República (Secretaría de Imprensa e Divulgação, 1979-1984, vol. I à VI). Le corpus comporte environ trois cents textes. Aucune sélection de textes n'a été opérée pour chacune des périodes étudiées. Le nombre prépondérant de discours officiels par contraste avec ceux de l'opposition est dû principalement à notre choix méthodologique qui est d'étudier prioritairement les discours officiels et d'aborder les discours de l'opposition à travers les dires des dirigeants, mais aussi à la disponibilité des discours, variable selon les périodes à cause de la censure. Leur nombre ne correspond donc pas à la production réelle de tel groupe par rapport à tel autre.

1968-69:   l'Acte institutionnel 5
1977:   le «Pacote de Abril» et la fermeture du Congrès
1979:   l'élaboration du projet de loi sur l'amnistie
1984:   la campagne pour les élections directes.

Cette option méthodologique devrait permettre l'étude diachronique du corpus, et, afin de ne pas influer sur les résultats de l'analyse, maintenir un équilibre entre les événements qui (de l'avis général) sont orientés vers une plus grande ouverture et ceux orientés vers une plus grande fermeture du régime. Chaque période fonctionne comme un bloc et peut être analysée indépendamment des autres blocs, dans une première étape. La seconde étape consiste à réunir les résultats de chacune des analyses pour confronter les fonctionnements discursifs et dégager les caractéristiques de l'évolution des discours. Les discours de 1968-69 ont un statut particulier: l'analyse de discours n'avait pas à prouver leur caractère autoritaire mais plutôt à fournir en termes linguistiques une caractérisation de cette appartenance. C'est ce modèle de discours autoritaire qui nous servira, dans la deuxième étape mentionnée ci-dessus, de point de comparaison et de mesure du changement qui s'opère possiblement dans les autres discours produits en période de soi-disant transition. Il nous a paru souhaitable, par conséquent, de procéder d'abord à l'analyse de la période 1968-69, l'ordre d'analyse des autres blocs étant indifférent.

Les matériaux linguistiques que nous avons retenus proviennent d'une contiguïté entre leurs particularités en langue et la pertinence propositionnelle des énoncés qu'ils servent à construire pour la problématique générale que nous avons choisie.

Les études de Benveniste ont contribué à souligner l'importance de la catégorie de la personne dans le fonctionnement discursif; les pronoms sont directement impliqués dans la désignation (référence, auto-référence) par le renvoi qu'ils opèrent aux participants du discours (les interlocuteurs directs et les énonciateurs inscrits dans le fil discursif). Aux pronoms personnels, nous joignons les autres pronoms, les possessifs, les substituts nominaux, etc., bref, les éléments susceptibles de désigner les participants (énonciateurs): c'est ce que nous appelons le schéma énonciatif. Ainsi, au fil du texte, pourront défiler: *je — le gouvernement — vous — la Nation — nous — ceux,* etc. Leur utilisation en énoncé sera directement pertinente et contribuera aux données sur le dialogisme: l'existence de la référence à un groupe, la distance face à ce dernier.

Liées au dialogisme se trouvent aussi toutes les formes de discours rapporté ou même, de points de vue rapportés. Il y a bien sûr, les formes du discours direct et du discours indirect, aisément repérables à la surface du texte. Mais, il y a aussi des formes implicites qui, semblables au discours indirect libre, ne se laissent pas délimiter aussi facilement. Pour y arriver, il faudra avoir recours à la lecture polyphonique telle que pratiquée dans plusieurs travaux récents dont ceux de Authier-Revuz, Anscombre et Ducrot. Les discours de 1979 portant sur l'amnistie ont introduit la qualification, principalement par l'emploi des adjectifs et des relatives, du projet: nous avons ajouté cet élément linguistique étant donné son rôle déterminant pour véhiculer les positions des acteurs politiques. Dans les énoncés présentant ces catégories linguistiques mentionnées, l'analyse ne se limite pas à leur étude exclusive; elle porte sur la valeur sémantico-pragmatique de l'énoncé dans son ensemble, mettant en relation ces catégories avec les autres catégories constitutives, de façon à faire ressortir actes de langage, présuppositions, stratégies argumentatives, etc.

La démarche de l'analyste pourrait être retracée par les étapes suivantes:

1. **choix**: sélection des principales marques linguistiques (lexicales, syntaxiques ou autres) à étudier, en fonction de l'hypothèse générale;

2. **repérage des énoncés**: parcours du texte à la recherche des énoncés comportant les marques linguistiques retenues;

3. **analyse** proprement dite: compte tenu des propriétés pragmatiques des éléments ou constructions linguistiques retenus en 1., faire ressortir les présuppositions, inférences; bref, opérer le calcul interprétatif des énoncés retenus en 2., en replaçant ces énoncés dans le contexte linguistique plus large ci cela est nécessaire, et ce, pour chaque texte, à l'intérieur d'une période déterminée;

4. **confrontation**: au moyen des résultats du calcul interprétatif de chaque texte, établir le savoir partagé valable pour une formation, dans la période déterminée, c'est-à-dire les points de cohérence et de contradiction;

5. **mise en perspective**: des éléments caractérisant l'évolution des discours apparaissent par comparaison des résultats obtenus en 4, pour chacune des périodes; ces résultats concernent les choix propositionnels, les relations d'enchaînement à l'intérieur du discours et les diverses techniques argumentatives exploitées.

Chapitre II

Le discours autoritaire brésilien

Présentation

En période autoritaire, il y a circulation restreinte et contrainte de la parole. Peu de discours se rendent sur la scène publique et ceux qui sont autorisés viennent principalement du pouvoir. On pourrait se poser la question: quel est l'intérêt de ces discours officiels? Ne se trouve-t-on pas en présence de discours à degré informatif très réduit et donc, inintéressant, comme c'est souvent le cas dans les discours de circonstance, qu'ils soient en régime démocratique ou pas? Plus intéressante pour nous est la question suivante: à quoi servent ces discours puisque par la coercition, qui est une force plus convaincante que les mots, le régime militaire s'assure du pouvoir?

Nous avons constitué un corpus de discours officiels, tenus de décembre 1968 à janvier 1969, sous le gouvernement du maréchal Costa e Silva. C'est durant cette période indéniablement autoritaire qu'est édicté l'Acte institutionnel 5 (AI-5), établissant la censure des moyens de communications, favorisant l'exercice privé et autoritaire du pouvoir: la vie parlementaire est suspendue pour une période indéfinie.

Notre champ d'études se devait d'être constitué des prises de parole des détenteurs du pouvoir. Les discours faisant partie de ce sous-corpus sont majoritairement prononcés par le maréchal Costa e Silva lui-même, mais s'adressant à des publics différents, soit la population en général, soit des destinataires particuliers (comme l'auditoire universitaire au cours du lancement de la Réforme en éducation, ou encore les principaux membres de l'École supérieure de guerre). Deux événements importants laissent leur trace de façon répétitive dans cet ensemble discursif: la Réforme en éducation (le Président effectue une tournée dans certaines universités du pays afin d'y présenter cette réforme) et l'AI-5. Ce dernier est de loin le plus important: adopté le 13 décembre 1968, il fera l'objet d'allusions dans les discours précédant cette date, pour devenir le sujet visé par les discours qui suivront.

Prenant pour acquit que tout discours est tissé d'interdiscursivité (c'est-à-dire d'une pluralité de discours qui se manifestent en lui), nous tenterons de voir quelle est la place réservée aux autres discours (ceux de la société civile, ceux des partis politiques, ceux des militaires sympathisants et opposants au régime, etc.). L'hypothèse, intuitivement vraisemblable qui s'offre à nous, est que le discours autoritaire se représente comme homogène, monologique, c'est-à-dire qu'il se veut autonome par rapport aux autres discours. Il pourrait même aller jusqu'à nier les discours des autres dans une tentative de s'approprier le contrôle exclusif de la parole. C'est ce que nous tenterons de vérifier.

Bref regard historique

Il est indispensable, pour étudier et comprendre ces discours, de parcourir, ne serait-ce que rapidement, la situation qui prévaut au Brésil pendant les années 60. La situation socio-politique et économique du Brésil des années 60, ne sert pas simplement de contexte de référence à nos discours, un «extérieur» auquel renverrait le contenu des textes; elle est le lieu où se fabrique l'intertextualité, condition même de l'existence des discours. Ce qui nous intéresse directement dans la situation historique, c'est qu'elle se présente comme un réseau intertextuel dans lequel viennent puiser les discours tout en se formant.

Depuis le coup d'État militaire de 1964, le gouvernement Costa e Silva constitue le deuxième gouvernement militaire, succédant à celui du maréchal Castello Branco. La prise du pouvoir par les militaires en 1964 survient, comme c'est généralement le cas, à la suite d'une crise institutionnelle politique et économique ayant créé un climat d'insécurité dans plusieurs secteurs de la société. Les militaires prennent le pouvoir après s'être assurés l'appui de quelques gouverneurs des États, d'une partie du patronat et de l'Église, encouragés par une partie considérable de la classe moyenne déterminée à faire échec à la politique populiste des dernières années[1]. En effet, le rôle croissant des masses populaires, principalement sous le gouvernement de João Goulart, et les pressions constantes qu'elles exercent sur la structure institutionnelle, déstabilisent les groupes dominants (les grands propriétaires terriens, la bourgeoisie industrielle) qui se sentent menacés (Weffort 1968: 82-83).

La situation militaire de 1964 se caractérise par l'élaboration d'une politique de développement économique et de sécurité nationale. Cette dernière est vue par Cardoso (1979), comme le résultat de l'évolution de l'idéologie militaire:

---

1. Nous utilisons cette définition du populisme de F. Weffort: «L'image, sinon le concept, la plus adéquate pour comprendre les relations populistes entre les masses urbaines et certains groupes représentés par l'État est celle d'une alliance (tacite) entre des secteurs de différentes classes sociales. Alliance dans laquelle, évidemment, l'hégémonie correspond toujours aux intérêts véhiculés par les classes dominantes, mais qui est impossible à réaliser sans tenir compte de quelques-unes des aspirations fondamentales des classes populaires, parmi lesquelles on pourrait mentionner la revendication de l'emploi, l'accès plus large à la consommation et le droit de participation aux affaires de l'État» (nous traduisons).

Un nouveau phénomène vient d'apparaître dans l'Amérique latine contemporaine. Les forces armées ne s'emparent plus du pouvoir comme dans le passé pour maintenir un dictateur en place (comme Vargas ou Peron) mais plutôt pour réorganiser la nation en accord avec l'idéologie de la «sécurité nationale» de la doctrine militaire moderne (36)[2].

Ces projets formulés positivement (comme la poursuite d'un idéal à travers la défense de la nation), cachent un envers «négatif» qui, lui, est plus précis et vise à éliminer toute forme d'opposition au régime; c'est ainsi que la prétendue lutte contre la subversion prend le plus souvent l'allure d'une bataille anti-communiste (Bresser Pereira 1984: 134-135). À partir de 1964, l'exercice du gouvernement militaire se fera par la promulgation de décrets. L'Acte institutionnel 1 (AI-1) marque le début de son entrée au pouvoir. Il a pour but d'instituer juridiquement et institutionnellement le mouvement civil-militaire du 9 avril 1964 et d'établir de nouvelles règles. Le mouvement se définit en rapport avec le pouvoir constitutionnel, par lequel il s'auto-légitime:

[...] assim a revolução vitoriosa, com o poder constituinte, se legitima a si mesma. Ela destitui o governo anterior e tem a capacidade de constituir o novo governo. Nela se contém a força normativa, inerente ao poder constituinte. Ela edita normas jurídicas, sem que nisto seja limitada pela normatividade anterior à sua vitória[3].

---

2. «A new phenomenon has emerged in contemporary Latin America. The Armed forces take power not as in the past to maintain a dictator in power (such as Vargas or Peron) but rather to reorganize the nation in accordance with the «national security» ideology of modern military doctrine» (36).

3. Ato institucional 1, Diretoria de Informação Legislativa, Senado Federal, Brasília, 1968.

[...] *ainsi la révolution victorieuse, avec le pouvoir constitutionnel, se légitime elle-même. Elle a destitué le gouvernement antérieur et a le pouvoir de constituer un nouveau gouvernement. En elle, se trouve la force normative, inhérente au pouvoir constitutionnel. Elle édicte des normes juridiques sans être contrainte par les normes fixées avant sa victoire.*

Le Commandement suprême de la Révolution est responsable de la redéfinition des pouvoirs nationaux. En somme, tout va dans le sens d'un renforcement des pouvoirs de l'exécutif. Le Congrès reçoit explicitement un rôle dépendant tandis que le pouvoir judiciaire subit la contrainte du «pouvoir révolutionnaire» qui agit et punit par Actes institutionnels. La Constitution de 1946 subira des changements en ce qui a trait aux fonctions du Président de la République, dont l'étendue se trouve accrue. Malgré ces changements, Klein et Figueiredo maintiennent qu'il y a «um esforço inicial de não radicalização do processo político» (126) [*un effort initial de non radicalisation du processus politique*].

L'AI-2 a été l'instrument chargé d'assurer la continuité du pouvoir et d'éviter un retour éventuel à l'alternative populiste ou encore à la *ditatura tradicional*. L'exécutif consolide ses positions par l'exercice «privé» du pouvoir, pour utiliser le concept de Guilherme dos Santos Wanderley:

> O exercício privado do poder público (se realiza) mediante decretos-lei do Executivo. Isto é, o poder político é exercido privadamente quando a sociedade como um todo ou suas entidades de representação (por exemplo, os partidos políticos) perdem o direito de veto, de controle sobre as decisões do Executivo (cité par Klein et Figuereido: 133, n. 49).

> *L'exercice privé du pouvoir public (se réalise) par l'intermédiaire de décrets de l'Exécutif. C'est-à-dire que le pouvoir politique s'exerce de façon privée quand la société comme un tout ou ses moyens de représentation (par exemple, les partis politiques) perdent le droit de veto, de contrôle sur les décisions de l'Exécutif.*

En se basant sur cet acte, dont le statut le place à l'abri d'une quelconque évaluation par le pouvoir judiciaire, le président Castello Branco entreprend une série de réformes, notamment sur l'élection des différents niveaux de gouvernement et du Président de la République. L'élection désormais indirecte de ce dernier donne au régime politique brésilien l'aspect que nous lui connaîtrons jusqu'en 1984. C'est également à partir d'actes complémentaires à l'AI-2, que sera établi le bi-partisme (Arena et MDB) obligeant les citoyens à se définir par rapport au gouvernement en place. Il convient aussi de mentionner des réformes importantes dans le système de sécurité nationale qui prévoient que «toda pessoa natural o jurídica é responsável pela segurança nacional[4]» [*toute personne naturelle ou juridique est responsable de la sécurité nationale*].

L'AI-5 représente, dans la série des décrets promulgués depuis l'arrivée au pouvoir des militaires, le point culminant: pour utiliser une expression de Faucher (1981a), «d'une situation militaire on passe à une dictature militaire». L'AI-5 est dirigé contre la classe politique et constitue un échec de la tentative de Costa e Silva d'élargir ses appuis chez des représentants politiques civils (notamment l'Arena).

> Véritable coup dans le coup, l'AI-5 vise l'ensemble de la représentation civile. Il s'agit dans l'histoire brésilienne de la première manifestation politique à caractère exclusivement militaire. Jamais auparavant l'armée n'avait pris le pouvoir sans s'assurer au préalable du soutien d'une partie de la population (Faucher 1981a: 276).

À partir de ce moment, la répression s'intensifie et l'ennemi n'est plus le terroriste, le communiste visé par la lutte anti-subversion mais, plutôt, toute forme d'opposition.

---

4. 13 mars 1967; cité par L. Klein et M. Figuereido: 136-37.

Sur la scène économique, au début des années 60, le Brésil connaît de sérieuses difficultés. Le coup militaire fournit à l'État les instruments nécessaires au redressement économique. Il devient plus interventionniste dans la mise en œuvre de procédés pour la relance de la croissance et la modernisation de la structure économique (Faucher 1981a: 64). Le gouvernement de Castello Branco prend des mesures énergiques pour lutter contre l'inflation (basées sur une diminution des salaires) dans sa politique de stabilisation. C'est durant la période de 1968-73 que le Brésil connaîtra une croissance accélérée pour produire, ce qu'on a appelé le «miracle brésilien».

Le début des années 60 est aussi marqué par une forte pénétration du capital multinational qui ne va cesser d'augmenter. 1964 fournit les conditions politiques et économiques nécessaires au développement de ces intérêts. L'industrialisation tout entière sera conditionnée par des procédés d'internationalisation, de centralisation et de concentration du capital. Dreifuss considère que cette appropriation du capital brésilien par les multinationales est, en 1969, un fait accompli. Le bloc du pouvoir multinational est composé des chefs ainsi que des membres d'entreprise influents, du personnel exécutif (administrateurs, gérants et techniciens) et un groupe d'influence technobureaucratique identifié comme suit:

> A rede techno-burocrática de influênca dentro do aparelho estatal era formada pelas camadas mais altas da administração pública e pelos téchnicos pertencentes à agencias empresas estatais, os quais tinham ligações operacionais e interesses dentro do bloco de poder multinational e associado (Dreifuss: 73).

> *Le réseau technobureaucratique d'influence à l'intérieur de l'État était formé des couches les plus hautes de l'administration publique et des techniciens des agences d'entreprises d'État qui avaient des liens opérationnels et des intérêts avec les entreprises multinationales et ceux qui y étaient associés.*

67

Les technobureaucrates se sont manifestés très tôt dans l'histoire du Brésil, bien avant 1964: ils incarnent peu avant le coup d'État, la réaction bourgeoise à l'influence grandissante des forces populaires. Sous le gouvernement Kubitschek, ils se constituent en véritable administration parallèle. L'association des militaires et des technobureaucrates à partir de 1964 se fait autour d'une maximisation de la performance économique et de la centralisation de la prise de décision dans l'appareil d'État (Faucher 1981a: 313). Comme nous le verrons, dans l'étude systématique des textes, les invitations faites dans les discours à travailler pour le bien-être de la Nation se précisent: augmenter le développement économique et maintenir la sécurité nationale sont des arguments qui reviendront sans cesse dans les discours de cette période. Nous tenterons d'en préciser le rôle.

Les positions idéologiques et discursives

À la recherche de traces linguistiques

Afin de préciser le mode de dialogisme opéré dans le discours autoritaire brésilien, nous avons choisi comme point de départ la représentation des acteurs politiques telle que révélée par les marques du schéma énonciatif.

Le schéma énonciatif, c'est la mise en place dans un discours de rôles liés à la production du discours en question. Les principaux rôles sont évidemment ceux de locuteur et de destinataire, c'est-à-dire l'énonciateur responsable de la production du discours, et celui à qui il s'adresse. Même si notre attention se porte sur l'interlocution, ce n'est pas son sens premier d'échange explicite entre des participants qui est visé, mais plutôt l'«interpénétration du discours de l'autre dans l'un» et la prise de position du locuteur face à cet autre discours (Authier-Revuz 1982: 122). Le locuteur construit son texte en anticipant sur les réactions discursives possibles de son destinataire: son texte est en quelque sorte fait «sur mesure» et laisse transparaître l'image qu'il se fait du destinataire à travers les discours qu'il lui prête et sa façon de s'adresser à lui. Autrement dit, même si le locuteur prend la parole, il laisse entrevoir, par toutes sortes de moyens, le discours antérieur ou possible de l'Autre. Les formes linguistiques directement rattachées au schéma énonciatif sont constituées, bien sûr, des pronoms personnels embrayeurs *je*, *tu* (marqués en portugais par la terminaison du verbe), de même que des adverbes et expressions renvoyant au temps, au lieu de l'énonciation. Dans la mesure où nous nous intéressons à «l'autre discours», non seulement le discours du destinataire (le *tu*) sera envisagé mais aussi, celui du *il*, en dépit du fait que cette forme soit celle de la non-personne. De plus, toutes les descriptions définies ou indéfinies (ex.: *le Gouvernement, la Nation*, etc.) auxquelles se substituent les pronoms, seront retenues comme des pistes valables de la position que s'attribue le sujet parlant et la place qui est réservée à l'Autre, aux autres.

L'énonciateur du discours

Le pronom personnel *je* fait son apparition dès le début du texte (seul ou intégré à la forme verbale), le plus souvent par une mise en rapport explicite de l'acte énonciatif avec la situation d'énonciation. Le locuteur prononce les «paroles de circonstance», c'est-à-dire souhaite, remercie, etc., compte tenu de la situation d'énonciation particulière qui justifie sa prise de parole.

On y fait souvent référence explicitement à la situation d'énonciation dans ces passages:

[...] não pude, não quis deixar de acorrer a vosso convite[5] (Deus, 2, 8).

---

5. Voir en annexe le renvoi aux textes étudiés; la notation précise le titre de l'article ou du livre, le paragraphe et la ligne.

[...] *je n'ai pu m'empêcher d'accourir à votre invitation.*

Le lieu, le temps et même les titres et fonctions des interlocuteurs sont fournis:

«meus jovens amigos» (Deus, 1)
«jovens formados» (Empresários, 1,1)
«jovens engenheirandos, meus amigos» (O discurso, 1, 1)

mes jeunes amis
jeunes diplômés
vous, futurs ingénieurs, mes amis

quand le Président parraine les différentes facultés universitaires. De plus, toujours en rapport avec la situation qui justifie la prise de parole, le *je* intervient d'une façon personnelle, pour remercier, faire part de sa joie, etc., ces actes étant mis en relation avec la fonction assumée. Autrement dit, tout en assumant une position énonciative, le locuteur l'élargit à sa fonction politique. On pourrait paraphraser le procédé par: «Je vous parle en tant que Président», «Je suis heureux en tant que chef d'État...»; ces formules ne sont, il faut bien le comprendre, ni équivalentes à «Je suis heureux», ou à «Le chef de l'État est heureux»: c'est non seulement l'affirmation du titre mais c'est l'exercice de la parole affublée de l'autorité que lui confère son titre.

Agrade-me sinceramente, essa dupla vinculação, tanto mais que por ela igualmente me associo ao trabalho da cidade do Rio Grande, em favor do desenvolvimento de meu Estado natal e do País que *tenho a honra suprema de governar.* (O discurso, 3).

Je me réjouis sincèrement de cette double appartenance, d'autant plus que grâce à elle je me suis associé au travail de la ville de Rio Grande en faveur du développement de mon État natal et du pays que j'ai l'honneur suprême de gouverner.

Ainsi, les amorces de discours associent le *je* au titre politique (Président, chef de l'État) en passant par celui de «parrain». Cette insistance sur le titre est fortement appuyée et ne peut être accidentelle. Elle est mise en relation avec des mots de vocabulaire se rapportant au «libre choix» de ceux qui l'ont élu. Prenons cet exemple:

As quatro faculdades que *me elegeram patrono*, na Universidade Gama Filho, foram duplamente generosas comigo..., no mesmo ato em que me deram tamanha honra, como se esta não bastasse, abriram-me a oportunidade exata para completar o ciclo dos pronunciamentos que venho fazendo em torno da tarefa administrativa que maior soma de atenções e preocupações mereceu *do Governo* este ano... (Empresários, 2, 1).

Les quatre facultés qui m'ont nommé parrain, dans l'Université Gama Filho, ont été doublement généreuses avec moi..., tout en me faisant un grand honneur, comme s'il ne suffisait pas de me donner l'occasion de compléter le cycle d'allocutions que je fais et qui font partie de la charge administrative, secteur qui a reçu une bonne partie de l'attention du gouvernement cette année...

Non seulement le terme de *patrono* est employé, mais le *je* se place dans la position modeste de celui qui reçoit un don, comme en témoignent les passages en italiques de même que l'emploi de l'adjectif *generosas*. Cette position correspond à l'idéologie militaire qui présente le soldat comme étant humble et au service d'un idéal, ici, la Nation. Il veut fournir la garantie que le militaire ne se bat pas pour défendre ses intérêts propres, et le contraste établi entre la possession de la force et l'usage noble, désintéressé qu'il en fait, ne peut que contribuer à augmenter son mérite. Ce passage met l'accent sur la légitimité de sa prise de parole: il profite de ce qu'il a été élu parrain pour justifier son exercice du pouvoir, ce qui contraste avec la légitimité contestable qu'affrontent les militaires au niveau politique général.

Le Président Costa e Silva amorce la plupart de ses discours en misant sur des rapports personnels avec son auditoire. En tant que sujet parlant, il se présente explicitement comme un *je*: il établit le contact avec ses destinataires, et tout ceci en rapport avec la situation d'énonciation. Ceci ne va pas jusqu'à «engager le dialogue», puisque toute référence à un échange de points de vue, à la prise en considération de demandes, etc., est absente, mais laisse supposer une coopération, teintée souvent de paternalisme. Le titre de «parrain» qu'il acquiert lui permet de s'adresser à ses destinataires en insistant sur les liens de réciprocité qu'ils entretiennent. Le discours est affectif. Le sujet parlant se présente comme ayant «reçu» cet honneur des destinataires, en échange de ce qu'il leur aurait «donné», à savoir l'aide dans les domaines concernés:

> Já não era segredo que *eu me inclinava a defender, justificar e proteger*, sem prejuízo das demais, as carreiras de grau intercalar como esta que abraçais agora, no momento em que elas se vêem, afinal, reconhecidas e consagradas no contexto de nossa reforma universitária (Reformas, 1, 15).

> *Ce n'était un secret pour personne que j'ai toujours été enclin à défendre, justifier et protéger, sans porter atteinte aux autres, les carrières comme celles que nous considérons maintenant, et qui sont sur le point d'être reconnues et consacrées dans le contexte de notre réforme universitaire.*

Les débuts de discours passent graduellement du *je* au *nous*, c'est-à-dire qu'ils manifestent un passage de l'individuel au collectif (un /plusieurs), au niveau de la forme linguistique, et une distanciation par rapport à la situation d'énonciation (sujet parlant/acteur politique). Le *je* fait place au *Président* (ou au *chef de l'État*) et s'élargit vers le *gouvernement*, le *pays*, la *Nation*.

> Gratas por isso, *repito*, são as circunstâncias em que se renova este contato, no qual *o velho chefe de Estado* mais uma

vez tem a alegria de identificar afinidades com setores dos mais representativos de *nossa* juventude (Reformas, 2).

Je le répète, ce sont des circonstances agréables qui permettent à un vieux chef d'État d'avoir la joie de découvrir des affinités avec les secteurs qui représentent le mieux notre jeunesse.

Ce *nous* a un statut ambigu. Quelquefois il renvoie au groupe politique dont *je* est le représentant, c'est-à-dire le gouvernement:

Em pouco mais de quatro meses *convertemos* em realidade palpável a promessa feita à juventude e à Nação (Reformas, 6, 11).

En un peu plus de quatre mois, nous avons converti la promesse faite à la jeunesse et à la Nation en réalité.

Encerramos o ano com a Reforma Universitária completa em sua strutura legal... (Reformas, 7, 1).

Nous terminerons l'année avec une Réforme universitaire complète dans sa structure légale...

Ou encore il s'associe aux militaires:

Com eles *estávamos nós*, que *fizemos* a Revolução de 1964 impulsionados pela consciência da necessidade de renovar o País... (Reformas, 4, 1).

Avec eux, nous étions là, nous qui avons fait la Révolution de 1964, poussés par la conscience d'une nécessité de rebâtir le Pays...

et quelquefois, il renvoie à l'ensemble plus vaste et plus abstrait qu'est la Nation, le Pays.

[...] entre carreiras que passam a ser enumeradas como de interesse vital para o *nosso* futuro (Reformas, 18, fin).

[...] *entre des carrières que l'on retient comme étant vitales pour notre avenir.*

[...] predicai e combatei para defender as *nossas* tradições religiosas, morais e cívicas (Deus, 2, fin).

[...] *il faut prêcher et se battre pour défendre nos traditions religieuses, morales et civiles.*

Il est intéressant de remarquer que dans ce dernier cas, c'est-à-dire lorsque le *nous* doit être compris comme un substitut de la Nation ou de Pays, une association avec le *vous* est suggérée, dans une entreprise de séduction évidente.

Toutefois, ce n'est pas seulement en début de discours que le locuteur se présente explicitement mais aussi à la fin. Le plus souvent, la formule d'adresse est répétée (*meus amigos*, etc.), de même que les autres indices linguistiques que nous avons mis en relation avec la situation d'énonciation.

Les destinataires

L'utilisation du pronom *vous* (ou de son substitut) est directement liée à la situation d'énonciation, tout comme l'était le *je*. En effet, le destinataire immédiatement visé par le discours et faisant partie de l'auditoire présent lors d'un discours public, est interpellé par ce pronom. On le rencontre, tout comme le *je* en début et en fin de texte surtout (quelquefois au milieu, entouré d'une formule vocative pour rappeler l'attention ou insister), donc dans ces parties du discours qui servent à établir le contact entre les interlocuteurs et à effectuer des liens avec les circonstances de l'allocution. Par exemple, dans ce passage, l'emploi du possessif fait suite à une interpellation par une forme vocative:

Jovens engenheirandos, meus amigos:
— Aqui estou para dar consciência ao *vosso* voto generoso, que me vinculou, não apenas a *vossa* turma, como também,

de certa forma, a história deste notável estabelecimento de ensino superior (O discurso, 1, 2.)

Futurs ingénieurs, mes amis:
— Je suis ici pour renforcer votre vote généreux qui m'a lié non seulement à votre classe, mais aussi à l'histoire de votre établissement réputé d'enseignement supérieur.

L'emploi du possessif est particulièrement intéressant cependant, lorsqu'il s'applique à des syntagmes dont la responsabilité échoit au sujet parlant par connotation; ainsi dans l'assertion «sou o *vosso* Chefe Supremo», la désignation n'est pas neutre: c'est ce que le *je* appelle *chef suprême*, et dont il essaie de convaincre le destinataire, ou encore ce que le *je* attend de *vous*: «conto com o *vosso* apoio», «a *vossa* missão» (Estilo, 31, 4). Il ne fait aucun doute que la mention du destinataire n'est pas l'occasion pour le Président de faire référence à des opinions, des points de vue défendus par le destinataire, en dépit de ce que pourrait suggérer l'emploi de la forme possessive. Sauf dans certains cas bien précis — que nous aborderons dans la section «Métadiscours et interdiscours» —, tout dialogisme explicite est banni des discours du Président. Le destinataire n'est pas un «être de parole», du point de vue des discours officiels (et cette tendance ira en s'accentuant après la promulgation de l'AI-5, bien sûr); il n'existe individuellement ou par groupe que pour défendre la Nation (but qui coïncide avec celui que se propose le régime), ou encore en tant que représentant de la Nation avec des besoins que le gouvernement «prend en charge».

De la même façon que la référence à la situation d'énonciation s'effaçait en glissant du *je* à o *Governo* (ou l'équivalent), le *vous* laisse un passage à un substantif, *a Nação*. Ainsi, le destinataire immédiat de la situation d'énonciation s'efface très vite dans les textes pour céder la place à une désignation plus générale, réalisée par l'emploi d'un substantif *Nation*, pour laquelle il y a de très nombreuses références, que nous tenterons de mieux définir dans une prochaine section.

La Nation, le peuple, la patrie

Les appellations *nation, peuple* et quelquefois *patrie* auxquelles ont fréquemment recours les discours étudiés, doivent être mises en relation avec le *vous* dont elles semblent être le prolongement. Il est indéniable que le terme de *nation* ne reste pas dans les discours une entité abstraite, et ce, à cause justement de son utilisation dans le prolongement des marques d'adresse aux destinataires.

Nous nous attarderons principalement sur les propositions contenant le terme *nation*, en raison de sa forte récurrence. Voyons par exemple dans ce discours la juxtaposition du pronom et du nom dans des propositions véhiculant des informations similaires:

> Que significação especial teve este fato, se é verdade que a vida de cada um de *vós* não se alterou fundamentalmente; se *a Nação* continua a trabalhar em segurança e liberdade; e se o Govêrno não se arrogou o direito de *vos* ditar normas restritivas de conduta? (AI-5, 4, 4).

> *Quelle signification particulière doit-on accorder à ce fait, s'il est vrai que la vie de chacun de vous n'a pas été changée de façon fondamentale; si la Nation continue à travailler en toute liberté et sécurité; et si le Gouvernement ne s'est pas arrogé le droit de vous dicter des normes restrictives de conduite?*

C'est le discours lui-même qui définit la Nation: aucune définition explicite n'est fournie dans le contenu du texte, c'est plutôt dans sa structure qu'elle se réalise: la Nation, est constituée des destinataires du discours. La progression du texte réalise cette association; *vós* et *a Nação* font tous les deux parties des groupes nominaux sujets et la similarité des prédicats *não se alterou* et *continua* permettent de conclure à l'équivalence des propositions. En effet, dans la linéarité du texte, les marques particulières liées à la situation d'énonciation se généralisent graduellement:

je = *Governo* [gouvernement]
vous = *nação, povo* [Nation, peuple]

Ce procédé discursif permet d'assimiler la conquête de la légitimité de la parole sur le plan énonciatif à la légitimité sur le plan politique. Il permet aussi de rallier le destinataire aux projets du régime en faisant en sorte qu'il soit directement impliqué par tout ce qui touche à la nation.

Le contenu sémantique des énoncés dans lesquels se réalise l'association *vous/nation* est aussi très révélateur. Le terme *nation* figure dans des énoncés incitatifs ou assertifs sur les devoirs que s'attribue le locuteur: protéger la Nation, voilà l'objectif ultime légitimant son action. Mais le locuteur tente d'associer le destinataire à cet objectif: «a vossa missão de Brasileiros». C'est cette identité de but, d'action à accomplir qui est visée par le discours: soit par l'assertion (on affirme que le *je* et le *vous* travaillent pour la Nation); soit par l'incitation (on convoque alors le destinataire à agir prioritairement en faveur de la Nation). Dans tous les cas, le discours se construit à partir de la communauté d'intérêts des interlocuteurs (et des acteurs politiques) à travailler pour la Nation. Ceci atteste la volonté de rapprochement que tente Costa e Silva avec les représentants civils afin de se détacher du groupe exclusivement militaire qui l'avait élu et confirme son désir d'étendre ses points d'appui politique à un groupe plus vaste et diversifié. Du point de vue linguistique, ce terme sert de mot pivot pour articuler les réalités du *je* sur celles du *vous*: il est l'intermédiaire à partir duquel se réalise l'unité des interlocuteurs et des acteurs politiques, ce sur quoi on mise pour susciter l'adhésion du destinataire aux projets du gouvernement. Ce glissement se retrouve dans cet extrait du discours de Costa e Silva:

> Onde quer que tenhais de exercer a *vossa* profissão, *predicai* e combatei para defender as *nossas* tradições religiosas, morais e cívicas (Deus, fin).

Où il était nécessaire que vous exerciez votre profession, j'ai tout fait pour défendre nos traditions religieuses, morales et civiques.

où des intérêts du destinataire on passe à des valeurs partagées (telles qu'exprimées par *nossas*) qui renvoient au syntagme de *notre nation* ou de *notre pays*. C'est aussi par l'intermédiaire de ce terme que se structure le texte dans son ensemble: du point de vue du contenu, il permet de passer des circonstances particulières (parrainage de telle faculté, etc.) énoncées en début de discours à des sujets d'intérêts politiques généraux (projets du gouvernement). Du point de vue de l'interlocution, les propositions construites autour de ce terme:

Todos nós, Brasileiros, somos responsáveis pela preservação dos valores imanentes da *nacionalidade* (Missão, 9, 4).

Nous tous, Brésiliens, sommes responsables pour la préservation des valeurs issues de la nationalité.

marquent le changement de destinataires: l'adresse se fait d'abord à l'intention de l'auditoire présent puis se généralise à toute la population. Un autre exemple d'association *je/vous* est réalisé autour du mot *patrie*: «da defesa spiritual da nossa patria» (Deus, fin) [*la défense spirituelle de notre patrie*]. Le discours pose explicitement cette association: ceux qui défendent la patrie sont des bons. Toutefois, il ne range pas ses destinataires dans cette catégorie et leur laisse plutôt le soin d'évaluer eux-mêmes leur position.

Os que não prejudicam o povo. Os que ajudam na construção do Brasil. [...] *Os bons. Os patriotas* (Estilo, 25, fin).

Ceux qui ne portent pas préjudice au peuple. Ceux qui aident à la construction du Brésil. [...] Les bons. Les patriotes.

On voit déjà transparaître dans cet exemple une position particulière du *je* qui s'impose comme juge. C'est la distanciation. Le locuteur prend ses distances et on ne retrouve plus l'association *je/vous*, d'où d'ailleurs l'emploi de la troisième personne *os que*... Le recours à *todos* ne renvoie pas une affirmation absolue mais relative quant à ceux qui n'ont rien à craindre des mesures qui sont prises (voir section «Les quantificateurs et les expressions globalisantes»).

Nous en arrivons maintenant à une utilisation très différente et même contrastive du terme *Nation*. Cette fois la distanciation du *je* est totale. Non seulement le *je* ne s'inclut pas dans la référence à la Nation mais il ne donne aucun indice d'appartenance du *vous*, des destinataires à ce groupe. La Nation n'étant plus mise en relation avec les participants de l'énonciation, elle devient une entité abstraite.

> Para isto, necessitávamos de um sistema de apoio em que se integrassem todas as forças válidas da Nação, *pois era para a Nação como um todo que se dirigiam o nosso pensamento,* o nosso programa e o nosso trabalho de cada dia. O povo correspondeu admiravelmente, com o espírito de sacrificio e compreensão dos próprios obstaculos, etc. [...] Nunca falharam as Forças Armadas com seu espírito de unidade, sua fidelidade à causa republicana e sua dedicação professional, etc. [...] Falhou, entretanto, a base política de que igualmente necessitava o Governo para manter o regime, etc. (AI-5, 15-16).

> *Pour cela, nous avions besoin d'un système d'appui auquel pouvaient s'intégrer toutes les forces valides de la Nation, car c'est vers elles que se tournent nos pensées, notre programme et notre travail de chaque jour. Le peuple s'est bravement joint à nous, avec l'esprit de sacrifice et en comprenant les obstacles. [...] Jamais les forces armées n'ont manqué à l'appel, avec leur esprit d'unité, leur fidélité à la République et leur dévouement professionnel. [...] Seule la base politique, dont le rôle est tout aussi important pour aider le gouvernement à maintenir le régime, a failli.*

La poursuite du texte nous révèle davantage sur cette entité qu'est la Nation. À partir des extraits suivants:

O povo correspondeu... Nunca falharam as Forças Arma-
das... Falhou, entretanto, a base política...

nous pouvons conclure qu'elle est composée du peuple, des
forces armées et de la base politique. L'imprécision demeure
quant à la position exacte que réserve le locuteur à son destinataire. Néanmoins, l'identification du *je* avec *les forces
armées* explique la prise de parole à partir d'un *nous* quand
il est question de la Nation.

Cependant, la Nation est quelquefois identifiée, dans
les discours, à des éléments conflictuels. En effet, le terme
nation ne recouvre pas toujours une entité abstraite (renvoyant à un ensemble de valeurs positives): le discours en
laisse aussi transparaître la composition par certains groupes
et laisse supposer qu'il y a division au sein de la nation...
Dans l'exemple précédent, c'est la base politique qui s'oppose à l'action du gouvernement. Nous avons déjà mentionné
qu'une division était apparue aussi lors de l'emploi du pronom *nous*, ce qui est assez paradoxal (cf. la section «L'énonciateur du discours»). Les liens avec le terme *nation* n'étaient
cependant pas établis directement dans le discours. En
revanche, on retrouve le terme dans un contexte des plus
étonnants: non seulement il y a distanciation du locuteur
mais, en outre, les désirs de la nation sont dits en contradiction avec ceux du *je*: il y a conflit. Ce qui est intéressant,
c'est que si le conflit est déclaré, on ne peut en identifier les
responsables. La *nation* devient victime de la *nation* (même
si ces termes ne sont pas directement ceux utilisés, on peut
les retracer dans le texte par enchaînement discursif).

Não era possível permitir *a autodestruição da democracia
em nome da propria democracia* (Estilo, 23).

*Il était impossible de permettre l'autodestruction de la dé-
mocratie au nom même de la démocratie.*

Não se pode, destarte, admitir que *a liberdade seja utilizada
para matar a liberdade...* (Missão 9).

On ne peut admettre de la sorte que la liberté soit utilisée pour tuer la liberté...

Des reproches sont adressés à la Nation:

Essa mobilização da conciência nacional admirável pelo que encerra de fôrça viva, *desabrochou há poucos anos, desordenada e sedenta de soluções, desorientada e ávida de prazos, eclodindo em movimentos de improvável contenção*, que só o trabalho de éducação e de cultura, persistente e esclarecido, pode disciplinar... (Missão, 14).

Cette mobilisation de la conscience nationale, admirable par la réunion des forces, est devenue, il y a quelques années, désordonnée et désorientée, recherchant des solutions immédiates et dégénérant en mouvements impossibles à contenir; seul le travail éclairé et persévérant de l'éducation et de la culture peut les discipliner...

[...] e tantas outras questões constituíram-se *aspirações nacionais exacerbadas*, que passaram a provocar em muitos *o desalento*, por não as verem de pronto concretizadas, [...] *para não dizer de outras mazelas* que urgia erradicar dos nossos costumes (Missão, 13).

[...] et tant d'autres questions devinrent des aspirations nationales exacerbées, provoquant chez plusieurs le découragement pour ne pas avoir été promptement satisfaites [...] pour ne rien dire des autres maux qu'il était urgent de bannir de nos coutumes.

Descompassos entre elites ultrapassadas e uma nação que deseja queimar etapas no caminho do florescimento pleno de suas virtudes, e de expansão total de suas forças, criam problemas institucionais que reclamam medidas urgentes de eficácia indiscutível (Discurso, 9, 4).

Des déphasages entre des élites dépassées et une Nation qui veut brûler les étapes pour en arriver à son épanouissement et prendre de l'expansion, créent des problèmes institutionnels qui réclament des mesures urgentes et d'une efficacité indiscutable.

Le *je* (et par extension, *le gouvernement*) ressort de ce conflit circulaire comme étant l'unique juge, le maître de la situation, capable de reconnaître les critères pour le bien-être de la Nation et aussi, capable de pouvoir utiliser le «vrai» discours de la démocratie, de la liberté. Plutôt que de parler de division au sein de la Nation, on procède par jugement d'autorité: le *je* et le gouvernement ont l'autorité pour décider de ce qui est bien et de ce qui ne l'est pas; tout en travaillant pour la Nation, le gouvernement peut la châtier.

Il est intéressant de voir que cette distanciation dans l'utilisation de *nation* survient lorsque le Président aborde des sujets conflictuels. Lorsqu'il fait allusion à une participation insuffisante ou à une opposition aux projets du gouvernement, il cesse d'associer le *vous* à la *nation*. Ceci a pour effet de présenter objectivement une situation comme si le destinataire n'était absolument pas concerné pas cette réalité. Il évite de formuler directement un reproche à son auditoire, comme pour diminuer la situation de conflit (pour ne pas en faire l'objet du débat). Ce n'est qu'indirectement, par l'association déjà établie entre *vous* et *nation*, dans des discours antérieurs ou des passages qui précèdent, que l'affirmation peut être interprétée comme un reproche à l'auditoire et à la population en général. Il y a contradiction car, si la Nation représente le but de l'action, ce qu'il faut défendre contre l'ennemi, à certains moments, la Nation occupe le même rôle que l'ennemi (cf. «il faut défendre la Nation contre elle-même»). Mais, alors que le discours suggérait l'association du *vous* à la *nation*, il évite de mettre en relation le *vous* avec *l'ennemi*, dans une tentative de ménager son destinataire. C'est pour cette raison que, lorsque les énoncés portent sur des éléments conflictuels, le terme *Nation* est employé abstraitement et la distanciation du *je* est totale.

«Il»: la marginalisation par le discours

Linguistiquement parlant, un statut particulier est réservé au pronom de la troisième personne, par contraste avec le *je* et le *tu*: c'est le pronom de la non-personne, nous dit Benveniste, celui qui, dans un échange dialogal, ne joue pas de rôle actif; c'est le «celui dont on parle» des grammaires traditionnelles, celui qui est exclu, momentanément, du rôle de locuteur.

Ce n'est pas pour rien que les opposants — ou prétendus opposants — du régime militaire seront désignés par les militaires eux-mêmes à l'aide de ce pronom. Lorsque le Président Costa e Silva prononce un discours devant la population entière, il s'adresse à ses destinataires par un *vous*, mais un *vous* vu comme sympathique à sa cause, alors que ceux qui s'y opposent ou pourraient être en désaccord, il les désigne plutôt que de s'adresser à eux directement. En effet, qu'est-ce qui fait qu'il n'emploie pas une formule du type «vous, qui agissez de façon x que je condamne...»? Pour pouvoir y répondre, nous tenterons de préciser la nature exacte de cette désignation à la troisième personne, quels sont ses substituts et comment s'opère son insertion dans le discours. La réponse ne se trouve pas dans les mécanismes linguistiques uniquement, mais dans l'exploitation qui est faite de ces mécanismes linguistiques, dans une conjoncture donnée par les forces en présence.

Rappelons d'abord quelques faits importants. L'année 68 est marquée par une série de contestations étudiantes amorcées en 1966. Le gouvernement a réprimé des manifestations et des grèves, provoquant de nombreux incidents qui ne passèrent pas inaperçus auprès de l'opinion publique. Des mouvements ouvriers, marqués principalement par les grèves de Belo Horizonte et de Osasco, ont aussi été sévèrement réprimés (Klein et Figueiredo: 140). Même des militaires appartenant à la «ligne dure» reconnaissent des failles au gouvernement, engendrées principalement, selon eux, par une mauvaise administration et un manque d'unité politique (Klein et Figueiredo: 139).

Un mouvement d'opposition anti-militariste apparaît en 1966. Il s'agit du Frente Ampla regroupant des civils d'appartenances diverses à l'opposition, à la tête desquels on retrouve Carlos Lacerda, João Goulart et Juscelino Kubitschek. La création de ce mouvement a été en grande partie provoquée par la réforme des partis telle que formulée par l'AI-2, qui abolit les partis politiques existants et oblige l'élite politique à se définir à partir des deux seules voies désormais reconnues: l'Arena, qui est le parti du gouvernement, et le MDB (Movimento Democratico Brasileiro) qui regroupe l'opposition, composée principalement des ex-travaillistes (PTB) et de la classe moyenne urbaine. Elles s'unissent et tentent de rejoindre les regroupements étudiants et syndicaux. Les effets de ce qu'on a appelé le pacte de Montevideo ne tardèrent pas à se faire sentir, au fur et à mesure que s'intensifiaient les protestations aux politiques globales du gouvernement Costa e Silva. Le gouvernement se dit d'abord «attentif» aux développements du Frente Ampla, puis en avril 1968, cédant aux pressions internes, il interdit officiellement le mouvement (Klein et Figueiredo: 136-139).

Les mesures répressives qui sont prises particulièrement en cette fin d'année 68 par Costa e Silva et son gouvernement surviennent à la suite de pressions provenant, donc, d'horizons différents. L'AI-5 constitue une réponse plus qu'énergique à ces pressions.

Revenons maintenant à l'identification qui est faite de l'ennemi dans nos textes politiques. S'il pouvait sembler à première vue plausible, comme cela se pratique dans le discours religieux, par exemple, de tenter de convaincre le groupe x de poser telle action en s'adressant directement à lui, ce n'est pas ce procédé qui sera utilisé ici. En désignant le groupe des opposants par le *il* plutôt qu'en s'adressant directement à lui par le *vous*, le discours dominant cherche à exclure ce groupe de l'échange. Il ne fait pas partie des destinataires. Si le Président, dans son discours, remercie, justifie, rallie, etc., il le fait envers ceux qu'il désigne par *vous* et pour lesquels il se dit «vosso presidente» exclusivement. Cet Autre, faisant partie du groupe des opposants, s'en trouve marginalisé: aucun contact, même par la parole, n'est établi. Cette différence s'appuie sur la prise en considération du schéma de l'énonciation; si à un *vous* on concède en principe le droit de prendre la parole, cela est impossible au *il*. De plus, compte tenu de ses propriétés énonciatives, l'importance accordée à l'opposition diminue lorsque le *il* est employé plutôt que le *vous*. La désignation par le pronom de la troisième personne comporte aussi l'avantage d'avoir des contours flous qui ne pourraient être évités que si le discours apportait des précisions, des informations sur ce groupe, ce qu'il se garde bien de faire, à dessein. En désignant l'ennemi de façon vague, le discours laisse ouverte la possibilité d'y englober qui il veut; la menace est d'autant plus efficace qu'elle est insidieuse.

En résumé, voici de façon informelle, les caractéristiques qui ressortent de l'utilisation de ce pronom en discours:

— le *il* est exclu de l'échange: il se trouve marginalisé sur le plan même du discours;

— le *il* est moins précis, du point de vue de la désignation, que le *vous*: s'il est reconnaissable par la description qui en est donnée, nos textes sont peu explicites;

— la complicité énonciative du *vous* avec le *je* peut se manifester contre le *il*;

— la place privilégiée accordée à *vous* par contraste avec *il* dans le discours, témoigne du rejet du groupe en question tant au niveau discursif qu'au niveau politique;

— le discours ne vise pas tant à récupérer le groupe politique que représente le *il*, comme à créer l'unité autour d'un *vous* tel que circonscrit et dépeint par le *je*.

Le peu d'importance accordée à l'ennemi dans le discours paraît étonnante compte tenu des efforts réels déployés pour mettre fin à toute opposition, souvent de façon répressive. C'est que si les textes visent à présenter et à justifier l'AI-5, ils ne le font pas en misant sur l'argument de l'opposition possible aux politiques gouvernementales, de la présence d'un ennemi. Nous verrons que les discours sont construits autour d'une argumentation autre que celle de la dénonciation, de l'affrontement. Ils visent, en fait, à se ménager des alliés (ceux interpellés par le pronom *vous*).

Les aspects dialogiques et monologiques confrontés

Métadiscours et interdiscours

La comparaison avec les autres décrets promulgués depuis 1964 fait état de l'importance de l'AI-5. Le droit que s'attribue le gouvernement de punir, dans le cas de l'AI-1 et l'AI-2, comporte des contraintes de temps, soit de six mois dans le premier cas et, dans le deuxième cas, sa durée est fixée d'octobre 65 à mars 67. Autrement dit, ce droit s'exerce dans une période prédéterminée et est présenté comme transitoire. À partir de l'AI-5, il n'y a plus aucune spécification de durée («enquanto for necessário» [*aussi longtemps qu'il sera nécessaire*]). Le droit de punir était justifié, dans l'AI-1, par le gouvernement comme étant «no interesse da paz e da honra nacional» [*pour la paix et l'honneur national*], à cause de «incompatibilidade com os objetivos da Revolução» [*l'incompatibilité avec les objectifs de la Révolution*] dans l'AI-2 et finalement, dans l'AI-5, «no interesse de preservar e consolidar a Revolução» [*dans le but de préserver et consolider la Révolution*]. Klein et Figueiredo soulignent que graduellement les buts sont définis de façon plus personnelle et restrictive (148).

L'AI-5 a été qualifié de mesure disproportionnée, compte tenu des circonstances et des pouvoirs déjà obtenus par les autres décrets. Cependant, dans une période où le gouvernement a eu à faire face à de nombreuses oppositions et se trouvait menacé, l'AI-5 tient lieu de réaction absolue, «indiscutable». Du point de vue de la droite, elle ne peut que satisfaire aux aspirations les plus répressives et du point de vue de la gauche, elle interdit toute réaction. Bref, c'est une mesure qui disqualifie le discours.

Les textes étudiés comportent plusieurs expressions de référence à la prise de parole elle-même ou encore aux discours antérieurs. On ne saurait y voir, cependant, une pratique dialogique. En effet, les discours auxquels il est fait référence n'appartiennent jamais à des groupes sociaux autres que ceux auxquels s'associe le locuteur: il s'agit principalement des forces armées, des responsables de la «Révolution» ou des propres paroles du *je*.

Voyons d'abord des expressions réflexives par lesquelles le locuteur présente, décrit son propre discours. Elles sont très nombreuses, ce qui témoigne de l'importance accordée à la parole elle-même. Que ce soit quand le Président Costa e Silva se défend de prononcer un discours de circonstance:

> O apelo que dirijo daqui aos particulares, aos homens de empresa ou de fortuna, *está longe das efusões líricas, mais ou menos inconsequentes, que costumam ser estimuladas por ocasiões como esta, propícias aos discursos gratulatórios* (Empresários, 7, 1).

> *Cet appel que je lance à chaque citoyen, aux hommes d'entreprise et de fortune ne ressemble en rien aux effusions lyriques ou inconséquentes qui ont l'habitude de prévaloir dans de telles circonstances, favorables aux discours dithyrambiques.*

ou encore quand il justifie sa prise de parole:

> Suponho que alguns de vós, por mais distantes ou menos informados, ainda necessitam de esclarecimentos suplementares sobre a grave decisão tomada pelo Governo da República no dia 13 deste mês. [...] Mas bastaria a suspeita de que um só, dentre os meus concidadãos, não estaria suficientemente esclarecido pelos próprios fatos, para que eu cedesse a um imperativo de consciência e *aqui estivesse agora*, nesta

última noite do ano, *com a possível palavra reclamada* (AI-5, 1-2).

Je suppose que certains d'entre vous, plus éloignés ou moins informés, ont encore besoin d'éclaircissements sur la grave décision prise par le Gouvernement de la République le 13 de ce mois. [...] Mais il suffirait qu'un seul de mes concitoyens ne soit pas suffisamment renseigné par les faits eux-mêmes, pour que ma conscience m'oblige à intervenir, et me voilà, aujourd'hui, en cette dernière nuit de l'année, avec la réponse possiblement réclamée.

il tente d'établir une complicité avec son destinataire. Cette dernière justification est particulièrement intéressante, compte tenu des circonstances de son énonciation: il est étonnant que, la veille de la Nouvelle Année, alors que l'AI-5 vient d'être décrété, le Président prenne la parole pour la première fois, à la télévision et ait à se justifier d'avoir à aborder ce sujet. Il ne le fait, soi-disant, que pour une infime portion, ceux qui pourraient encore se poser des questions, dû à leur ignorance ou à leur éloignement. Pourtant, dans tout le discours il n'est question que de l'AI-5 et il s'adresse évidemment à toute la population. Cette stratégie argumentative vise à faire ressortir l'évidence du bien-fondé du décret (que «normalement il n'aurait même pas besoin de justifier») et, en même temps, à prouver son dévouement envers la population.

En somme, on trouve d'abondantes expressions méta-discursives (c'est-à-dire effectuant un retour sur l'acte d'énonciation), liées à l'emploi du pronom personnel *je* et par lesquelles le locuteur présente ses propres paroles et le plus souvent les justifie. Cette position du locuteur qui «distribue généreusement sa parole» correspond bien à l'image qu'il tente de donner sur le plan politique en tant que président.

En outre, on trouve dans ces discours plusieurs marques explicites d'intertextualité, plus spécifiquement des allusions directes à des discours antérieurs.

No primeiro discurso que proferi como Presidente empossa-do, perante o Ministério reunido, defini *a tarefa que me propunha realizar como a conciliação entre as «invencíveis exigencias do convivio democrático» e as «severas necessi-dades da Revolução»...* (AI-5, 14, 11).

Dans mon premier discours en tant que Président, devant le Ministère réuni au complet, je me suis fixé comme objectif de concilier les «exigences inhérentes au mode de vie démo-cratique» et les «nécessités impérieuses de la Révolution»...

Il est intéressant de voir que ces discours antérieurs prononcés par le locuteur ou d'autres membres du gouver-nement, de la «révolution», sont utilisés comme arguments en faveur de la décision de décréter l'AI-5. Les militaires s'auto-légitiment, en quelque sorte, sur la base de leurs pro-pres discours.

En outre, la «punition» survient comme solution ultime après des avertissements: cette fois, c'est la quantité de mises en garde non observées qui sert à justifier la décision du Président. Ces avertissements n'ayant pas été respectés, l'AI-5 est présenté comme un châtiment attendu, sinon mérité.

Aos primeiros sinais de debilidade orgânica, de vacilação nos propósitos revolucionários e de afrouxamento no cum-primento dos deveres mais elementares para com o sistema constitucional, *comecei a fazer advertências de companheiro,* às vezes tomadas como ameaças e frequentemente ouvidas como manifestação gratuita de desestima pela chamada classe política (AI-5, 16, 5).

Aux premiers signes de faiblesse organique, de vacillement dans les propositions révolutionnaires et de relâchement dans l'accomplissement des devoirs les plus élémentaires envers le système constitutionnel, j'ai commencé à faire des avertissements amicaux, qui ont quelquefois été interprétés comme des menaces, ou un manque d'estime à l'égard de ce qu'on appelle la classe politique.

«Nem tudo se vence pela força.» [...] *Palavras de aviso leal, como estas, foram proferidas em muitas outras oportunidades*, crescendo de ansiedade... (AI-5, 17-18, 1).

«Tout ne s'obtient pas par la force.» Des conseils aussi sages que celui-ci ont été émis en plusieurs autres occasions, au fur et à mesure que gagnait l'inquiétude...

Les références à l'ennemi ne sont pas directes mais se font plutôt par le biais d'un renvoi à son discours, à son idéologie: le discours officiel s'associe alors à la droite contre le populisme et contre le marxisme.

As estructuras políticas entre nós, são ainda um réflexo das estruturas sociais e guardam a dimensão acanhada de um passado remoto. O pensamento anacrônico e os vícios não extirpados do *mandarinato político* evidenciam-se na descrença de muitos, que se tornaram, por isso presa fácil *de pregação de figuras carismáticas que a intervalos asso. i-ram no cenário nacional* (Missão, 11).

Les structures politiques sont un prolongement des structures sociales et elles conservent l'allure effacée d'un passé lointain. La conception anachronique et les vices qui subsistent d'un mandarinat politique apparaissent clairement dans l'incrédulité de plusieurs, qui sont devenus des proies faciles pour les figures charismatiques qui ont sporadiquement sévi sur la scène nationale.

Lamentável, mas não surpreendente, é tambem *o envolvimento do marxismo na vida nacional*, abraçando as causas que mais sensibilizam a opinião pública, procurando aposar-se da bandeira das revindicações legítimas, pretendendo tornar seu o estandarte da justiça social e do progresso e, em nome desses própositos, fomenta a luta de classe, semeia a zizánia entre civís e militares, promove a desmoralização do princípio da autoridade pública e privada, alança ao descrédito a instituição do pátrio-poder e a do mestre-escola, concita à violência, alicia subrepticamente até mesmo parte do magistério e do clero (Missão, 12).

> *Il est dommage mais non surprenant de constater l'emprise du marxisme dans la vie nationale; il fait siennes les causes les plus populaires auprès de l'opinion publique, veillant à s'appuyer sur des revendications légitimes; il se fait le défenseur de la justice sociale et du progrès, au nom desquels il fomente la lutte des classes, sème la zizanie entre civils et militaires; il provoque la démoralisation du principe d'autorité publique et privée, jetant le discrédit sur l'autorité paternelle et l'autorité du maître, incite à la violence, entraînant même subrepticement une partie du corps professoral et du clergé.*

Le discours technocratique en faveur de la modernisation, du développement et, en conséquence, contre la tradition, transparaît déjà dans les textes de 1969, même s'il sera plus visible dans les années 70.

> O mundo moderno libertou-se das incertezas próprias do empirismo; deixou de tatear caminhos de cego em matéria de progresso material; *é um mundo de estudo, de trabalho reflexivo e risco calculado, ou seja, ação técnica* (Deus, 4, 1).

> *Le monde moderne s'est libéré des incertitudes propres à l'empirisme; il s'est engagé sur une voie plus sûre concernant le progrès matériel; c'est un monde d'étude, de travail réfléchi et de risques calculés, ou encore d'action technique.*

C'est l'apologie de la rationalité comme solution à tous les problèmes.

Dès son accession à la présidence, Costa e Silva s'est présenté comme l'homme de la continuité, fournissant des «garanties révolutionnaires» dans le but de s'assurer l'adhésion de tous les militaires, y compris ceux de la «ligne dure», et c'est cette image que les discours de fin 68 et début 69 tentent de ranimer (Faucher 1981a: 284).

En accord avec la conjoncture et cette prise de position, il n'est pas étonnant de voir se profiler un discours monologique. Quant aux marques que l'on serait tenté d'interpréter comme menant au discours de l'Autre, elles renvoient plutôt au propre locuteur dans une circularité évidente. En effet, les quelques formes linguistiques indiquant qu'il y a hétérogénéité discursive sont peu nombreuses, et elles concernent souvent des discours fictifs envisagés comme possibles:

> De tal modo educação e desenvolvimento econômico se completam e amparam mutuamente, que instituições como o Banco Internacional de Reconstuição e Desenvolvimento passou a financiar, desde 1962, os programas educacionais com a mesma objetividade com que financia projetos específicos no campo da energia elétrica. *Generosidade?* Não, senhores, o mais puro realismo bancário (Empresários, 19, 1).

> *De telle façon que l'éducation et le développement économique se complètent et s'appuient mutuellement, que des institutions comme la Banque internationale de reconstruction et de développement se sont mises à financer, depuis 1962, les programmes éducatifs avec la même objectivité qu'elles financent des projets spécifiques en matière d'énergie électrique. Générosité? Non, Messieurs, c'est un pur réalisme bancaire.*

Cette portion de discours fictif, marquée par l'interrogation, est assez paradoxale mais se justifie par l'emploi d'une présupposition favorable (comme l'indique le terme *generosidade*) d'une action posée par le gouvernement. On fait passer pour évidente cette proposition et on discute les raisons qui seraient à son origine. Il en va de même pour:

> Que significação especial teve esse fato, *se é verdade que a vida de cada um de vós não se alterou fundamentalmente; se a nação continua a trabalhar em segurança e liberdade; e se o Governo não se arrogou o direito de vos ditar normas restritivas de conduta?* (AI-5, 4, 1).

> *Quelle signification particulière doit-on accorder à ce fait s'il est vrai que la vie de chacun de vous n'a pas changé fondamentalement, si la nation continue à travailler en sécurité et en liberté; et si le gouvernement ne s'est pas*

*arrogé le droit de vous imposer des normes restrictives de
conduite?*

Cette interrogation simule un discours potentiel du
destinataire; elle donne l'occasion au locuteur de se faire
valoir en s'appuyant sur une hypothèse, introduite par la con-
jonction *se*, directement favorable aux projets du gouvernement.

On trouve aussi des discours à provenance imprécise,
dont les paroles peuvent être attribuées à n'importe quel
groupe, à plusieurs groupes, à l'opposition.

Alèm disso, *aos que perguntam se a revolução «acabou»*,
devemos responder que esta reforma é a revolução em marcha; mas em marcha pelos caminhos que ela mesma abriu
para chegar a seus objetivos, sem sacrifício da democracia.
Aos que indagam se é lícito falar em revolução depois de
restaurado o sistema Constitutional, respondemos com esta
reforma que, sôbre ser lícito, é imperioso fazê-la (Reformas,
19, 1).

*En outre, à ceux qui demandent si la révolution «est termi-
née», nous devons répondre que cette réforme représente la
révolution en marche; mais en marche selon les voies qu'elle
s'est elle-même tracé pour atteindre ses objectifs sans sacrifier la démocratie. À ceux qui demandent s'il est licite de
parler de révolution après qu'on ait restauré le système
constitutionnel, nous répondons que cette réforme, en plus
d'être licite, est nécessaire.*

Elles servent à donner l'impression de dialogue et surtout à légitimer, justifier une apologie de la Révolution
(qu'elles prennent place dans un ensemble de paragraphes
ou dans un texte entier). Dans le passage ci-dessus, la
réponse à une prétendue question sert clairement à faire dé-
vier le texte et à aborder, après les commentaires détaillés
sur les conséquences de la réforme universitaire, des considérations plus générales sur la politique gouvernementale.

On trouve quelquefois une forme apparentée au dialogisme lorsque le Président fait référence à l'idéal démocratique. Même s'il se situe en continuité avec les discours des militaires, il reprend une option identifiée au discours adverse: la défense d'un idéal de démocratie, l'expression des libertés, etc. Cette ambiguïté lui sert à se prémunir contre les objections éventuelles des destinataires face aux projets mis de l'avant par le régime.

> Não se pode, destarte, admitir que a liberdade seja utilizada para matar a liberdade, e *o Estado democrático tem o dever indeclinável de assegurar a sua própria sobrevivência, atributo que é da Nação livre* (Missão, 9, 10).

> *On ne peut ainsi admettre que la liberté soit utilisée pour tuer la liberté, et l'État démocratique a le devoir irrévocable d'assurer sa propre survivance, comme produit d'une Nation libre.*

Elle a pour but de montrer que les aspirations du régime et celles de la nation ne sont pas irréconciliables. Loin de permettre une apparition des autres discours, loin de faire place à la diversité, ce procédé vise plutôt à la neutraliser, à l'annihiler. C'est la réconciliation qui nie l'opposition.

La forme impersonnelle générique

Si les discours comportent quelques formes faisant référence à la situation d'énonciation, le corps des discours est surtout constitué d'assertions non précédées par un verbe performatif, c'est-à-dire un verbe du type *je déclare*, etc., comme dans:

> O novo instrumento intelectual inventado pelo gênio creador dos franceses — a informática — tem como um dos seus elementos a contabilidade... (Deus, 11, 1).

> *Le nouvel instrument intellectuel inventé par le génie créateur des Français — l'informatique — a comme fonction importante celle de comptabiliser...*

Il n'y a généralement pas de marques de la présence du locuteur et on privilégie l'équivalent d'une forme impersonnelle avec *il* ou le sujet universel en *on:*

> *Não pode haver* administração sem contabilistas, pois é de seu saber que depende... (Deus, 9, 1).

> *Il ne peut y avoir d'administration sans comptables, car c'est de leur savoir dont dépend...*

> Pois *é preciso proclamar,* nesta ocasião, que a grandeza do Brasil *se faria* nas fábricas como nos quartéis, *contrói-se* com o lavrador e com o soldado, *ordena-se* com o funcionário e com o comerciante... (Missão, 24, 1).

> *En effet, il est nécessaire de proclamer, en cette occasion, que la grandeur du Brésil se construit dans les usines comme dans les casernes, qu'on la bâtit avec le paysan ou le soldat, qu'on l'organise avec le fonctionnaire et le commerçant...*

ou encore, on trouve une forme pronominale qui dispense de la mention de l'agent et contribue à donner une valeur universelle aux actions visées.

Ces constructions sont dans le prolongement des assertions à valeur générique, comme en témoigne le passage ci-dessous.

> Educação é segurança. Educação é desenvolvimento. Educação é soberania, independência e afirmação do poder nacional. *Educação* é democracia. Onde *não há educação* suficiente, o Executivo braceja no vácuo... (Empresários, 13, 1).

> *L'éducation, c'est la sécurité. L'éducation, c'est le développement. L'éducation, c'est la souveraineté, l'indépendance et l'affirmation du pouvoir national. L'éducation, c'est la démocratie. Là où il n'y a pas suffisamment d'éducation, l'Exécutif doit se débattre dans le vide...*

Elles occupent une place privilégiée non seulement à cause de leur forte récurrence mais par leur importance sémantique. Nous avons déjà mentionné que les énoncés comportant des marques de la situation d'énonciation (c'est-à-dire situant les participants du discours, les circonstances, etc.) étaient surtout concentrés en amorce et en finale de discours. Ces constructions assertives que nous appellerons génériques occupent le reste du texte, c'est-à-dire là où se déroule l'argumentation principale. On ne peut pas aller jusqu'à dire que ces parties s'excluent l'une l'autre — sont en distribution complémentaire, pour employer une terminologie linguistique — mais on remarque qu'au fur et à mesure que s'estompent les références personnelles aux interlocuteurs (par *eu* et *vos*), augmentent les formules de substitution du type *a Nação, o Governo, a Revolução* de même que les constructions génériques.

L'impact de ce procédé discursif consiste à faire de toute affirmation une proclamation de la vérité, ce qui n'est pas étranger au discours doctrinaire, comme l'a justement souligné Authier-Revuz (1982):

> Dès qu'un discours tend à se représenter, quant à son mode d'énonciation, comme *discours de la Vérité*, hors de toute spécificité historique et individuelle, il élimine tendanciellement toute trace montrée de l'autre. C'est ce que l'on observe d'une part dans les discours scientifiques, d'autre part dans les discours dogmatiques (relevant de la pédagogie, de la politique, de la religion...) que Bakhtine réunissait sous le qualificatif de «*monologique*» (146).

Ainsi les assertions prennent des formes linguistiques qui favorisent la proclamation de règles générales, de définitions. Tout est là, même sur le plan du contenu: définir les rôles de chacun, l'action à accomplir en sanctionnant ce qui est bien, ce qui est mal. Mais, il ne faut pas s'y méprendre. Un discours politique issu d'une telle conjoncture ne se donne pas pour seul but d'informer (sens qu'on pourrait lui attribuer, car il est dans le prolongement de *définir*): il a une valeur juridique, déontologique. Tout en dévoilant les principes sur lesquels ils se fondent, les militaires incitent à s'y conformer et le discours (la position idéologique qui leur permet de le prononcer) tient lieu de gage de l'autorité. C'est par les particularités du mode assertif, sa valeur générique, que le discours est autoritaire: le *je* détient le pouvoir, notamment sur le rôle du destinataire. C'est par voie de conséquence que ce discours devient incitatif et s'apparente à des actes de langage comme l'ordre, le commandement.

Les quantificateurs et les expressions globalisantes

Une autre caractéristique intéressante des discours autoritaires est l'usage abondant de quantificateurs — notamment les diverses formes associées à *todos* — ainsi que des adverbes comme *toujours/jamais* ayant ce sens globalisant. L'étendue et la variété de ces emplois apparaissent dans l'exemple ci-dessous, lorsque en renforcement ou à la place de *nos* ou *Nação*, les locuteurs ont recours à *todos*. Reprenons l'exemple:

> *Todos nós*, homens de Estado ou homen de empresas... (Empresários, 11, fin).
>
> *Nous tous, hommes d'État ou hommes d'entreprises...*

ou encore:

> [...] pois era para a Nação como um *tudo*.
>
> [...] *car c'était pour la Nation comme un tout.*

Cet élément linguistique est utilisé toujours en relation avec la Nation, pour créer l'union et, plus particulièrement, l'union militaire/travailleur:

Segurança nacional [...] envolve certamente a idéia de que *todos nós, brasileiros*, somos responsáveis pela preservação dos valóres imanentes da nacionalidade e pelo progresso do nosso grupo social, formado de indivíduos livres (Missão, 9, 1).

La sécurité nationale [...] implique l'idée que nous tous, Brésiliens, sommes responsables pour la préservation des valeurs issues de la nationalité et pour le progrès de notre groupe social, formé d'individus libres.

[...] promovam *a união de todos*, civís e militares, sob a bandeira da pátria *a todos comum* (Missão, 23, fin).

[...] il faut promouvoir l'union de tous, civils et militaires, au nom de la patrie commune à tous.

Il sert en quelque sorte à recréer le thème de l'union par la neutralisation des différences. D'ailleurs, linguistiquement, on trouve aussi bien *todos nós, todos vós, todos os que*, sans distinction de personne grammaticale.

Son importance est très grande et va bien au-delà de l'association avec les positions énonciatives. Il accentue le caractère absolu des vérités proclamées: tous les énonciateurs sont concernés; du particulier, on passe au général et on convoite l'universel. Souvent en usage dans les slogans, il sert directement dans les ralliements. Non seulement il exprime de l'insistance mais, grâce à lui, l'action s'adresse à tous, tout comme le discours. Il invite à l'union et contribue à la créer tout à la fois en la réalisant dans la structure même du discours.

Ce procédé discursif comporte des conséquences semblables à celles de l'emploi des constructions génériques, ce qui sert d'appui à notre hypothèse en contribuant à sa cohérence. Les discours visent à créer l'homogénéité par l'affirmation de valeurs qui se veulent universelles, absolues et, en conséquence, indiscutables.

Par ailleurs, le quantificateur, malgré ses apparences, peut aussi servir à relativiser un ensemble. Un exemple, en dehors de la situation politique qui nous occupe, nous servira à illustrer cet emploi.

a) *Seuls* les travailleurs de São Paulo mangent à leur faim.

b) *Tous* les travailleurs de São Paulo mangent à leur faim.

Les deux énoncés ci-dessus contiennent la même information objective (c'est-à-dire que «les travailleurs de São Paulo mangent à leur faim») et le quantificateur sert à sélectionner un groupe (les travailleurs de São Paulo) parmi un ensemble (les travailleurs en général). Là où le choix de *seul* ou de *tout* marque une différence primordiale, c'est dans la présentation argumentative du groupe sélectionné. Tandis que *seul* est restrictif, *tout* a une valeur globalisante qui viserait à prouver l'étendue du sous-groupe sélectionné et à la présenter comme une valeur positive; d'où l'acceptabilité des énoncés a) en opposition aux énoncés b), lorsqu'on tente de les insérer dans une argumentation même réduite:

(1) a) Peu de travailleurs vivent bien: *seuls* ceux de São Paulo mangent à leur faim.

b) *Peu de travailleurs vivent bien: *tous* ceux de São Paulo mangent à leur faim.

(2) a) Plusieurs travailleurs vivent bien: *tous* ceux de São Paulo mangent à leur faim.

b) *Plusieurs travailleurs vivent bien: *seuls* ceux de São Paulo mangent à leur faim.

Ceci montre bien que l'emploi de *tout* vise à défendre une argumentation qui se fonde sur des valeurs globalisantes et refuse la vision négative de la restriction, sauf par allusion. Cette parenthèse sémantique visait à expliquer l'exploitation des propriétés linguistiques du quantificateur négatif dans le passage suivant:

[...] o Presidente da República afirmou que *ninguém de consciência e de mãos limpas tema o poder* que nas suas mãos a Revolução concentrou, para que não se detivesse, inacabada, sem chegar a redimir o homen, depois de redimir a nossa economia (Mãos limpas, 13).

[...] *le Président de la République a affirmé que personne ayant la conscience et les mains propres ne devait craindre le pouvoir conféré par la Révolution afin qu'elle accomplisse son œuvre, qui est de racheter l'homme après avoir racheté notre économie.*

Ou encore:

Estejam todos tranquilos. *Todos os que nada devem. Os que não subvertem* a ordem. *Os que não prejudicam* o povo. *Os que ajudam* na construção da grandeza do Brasil. *Os que auxiliam* os pobres a emergir das condições subhumanas em que estão mergulhados. *Os que ajudam* na luta contra a miséria. *Os de boa vontade. Os bons. Os patriotas* (Estilo, 25, 1).

Que soient tous rassurés, ceux qui ne doivent rien. Ceux qui n'ont pas détourné l'ordre. Ceux qui n'ont pas porté préjudice au peuple. Ceux qui aident à promouvoir la grandeur du Brésil. Ceux qui assistent les pauvres dans leur tentative d'émerger d'un milieu défavorisé. Ceux qui luttent contre la misère. Ceux de bonne volonté. Les bons. Les patriotes.

Malgré la restriction sous-jacente pouvant avoir valeur de menace («ce groupe seulement n'a rien à craindre, pas les autres»), le discours insiste sur la valeur positive: le groupe en question «peut être tranquille». Il favorise l'interprétation vers la valeur globalisante, ce qui équivaut bien sûr à ménager les intérêts des destinataires, de la population, en évitant les valeurs négatives et ainsi, toute source de conflit[6].

---

6. Il y a aussi une allusion à la valeur restrictive, valeur inverse de celle de *tous*, qui ressort, notamment, de l'énumération, par effet d'insistance. Cette interprétation, nous le rappelons, ne se situe pas au niveau explicite du texte mais plutôt au niveau implicite.

Conclusion

L'autoritarisme des discours politiques étudiés ne tient pas à la présence d'une quelconque forme linguistique directement rattachée à l'ordre, comme l'impératif, par exemple, contrairement à une vision «idéalisante» qu'on pourrait avoir des mécanismes linguistiques. Notre étude révèle que le commandement, la menace y sont rarement explicites. La contrainte, lorsqu'elle est exercée par la parole, dépend plutôt de l'exploitation particulière de certains procédés linguistiques et de leur combinaison[7]. Parmi ces procédés, ceux qui ont retenu notre attention sont les marques du schéma énonciatif, la forme impersonnelle et l'usage des quantificateurs. Ces procédés nous sont apparus au fur et à mesure de l'étude empirique des textes composant notre corpus, comme subordonnés les uns aux autres.

La position énonciative adoptée par le locuteur renseigne sur l'image, le rôle qu'il assigne au destinataire, celui exprimé par *vous* et, par contraste, à *il* désignant les dissidents, les «ennemis». Seuls sont acceptés comme partenaires de l'interlocution ceux qui n'entrent pas en conflit idéologique avec le locuteur: ce dernier crée, dans le texte, une identité d'intérêts entre lui et son destinataire en l'associant à la *Nação*. Cette désignation constitue un des termes les plus «fluctuants» du texte du point de vue sémantique: par un jeu constant d'inclusion et d'exclusion du *je* (*eu*) et/ou du *vous* (*vos*) — selon que le locuteur veut ou non s'associer à son destinataire —, il est utilisé comme argument en faveur de prises de décision ou d'actions.

Mais le schéma énonciatif n'est pas suffisant dans ce type de texte pour comprendre la complexité des mécanismes

---

7. On pourrait cependant la relever dans les choix lexicologiques, ceux par exemple utilisés pour qualifier les actions du gouvernement («mesures énergiques»): ils appartiennent souvent au champ sémantique de la guerre.

discursifs. Ou plutôt, c'est par contraste avec le schéma énonciatif tel que marqué à certains endroits du texte que se constitue le corps propositionnel de ce dernier. En effet, il y a glissement du *je* vers des assertions (ou des incitations dérivées) à sujet impersonnel — ou universel. Ce changement dans la forme syntaxique correspond à une extension de la portée du discours tant au niveau énonciatif (*je* = Président, *nous* = Nation, peuple) qu'au niveau propositionnel (des circonstances de l'énonciation on aborde des considérations de politique générale).

Du point de vue du déroulement textuel, ce contraste caractérise le texte: les marques du schéma énonciatif se situant principalement en début et en fin de texte, elles enveloppent le corps propositionnel. Ces deux parties du texte contrastent aussi par le «ton» adopté. Dans tout ce qui se rapporte à la situation directe d'énonciation, le sujet parlant soigne particulièrement ses rapports avec le destinataire: on le remarque par l'utilisation de formes affectives, le recours du *je* à un rôle passif, l'accomplissement d'actes de langage qui ont valeur de «réponse» (remerciement, réponse à une lettre). Au contraire dans l'autre partie, le sujet parlant s'attribue un rôle d'agent très marqué, en ayant recours à des substituts du *je* mais destinés à en préciser l'identité et la fonction (*o governo, a Revolução*), il utilise aussi la forme impersonnelle. En fait les rapports cordiaux établis par l'interlocution et ses circonstances devraient contribuer à l'image Président ou Gouvernement/peuple qui doit être définie, légitimée dans le texte.

Le mode assertif change aussi considérablement: de la prise en charge explicite des assertions, on passe à des assertions à valeur générale qui renvoient plus au sujet universel qu'au locuteur. En s'appuyant sur le sujet universel pour faire ses assertions, le *je* passe la responsabilité à des «instances supérieures» qui cautionnent les affirmations: il y a en quelque sorte transfert d'autorité. Cette manœuvre ne peut que servir le sujet parlant quand on s'attarde à la nature des sujets traités: il s'agit le plus souvent de prises de décisions contraignantes, défavorables au destinataire et dont le Président peut se décharger. En effet, ces instances étant «supérieures», indiscutables, «pour le bien de tous», etc., elles permettent de présenter les décisions dont veut nous convaincre le discours dominant comme étant une «obligation», une «nécessité». Non seulement le sujet parlant peut effectuer un transfert de responsabilité, mais il en tire un avantage directement pour son propos. La décision ou le fait en question, constitué ainsi en «nécessité», n'oblige pas seulement le destinataire mais aussi le locuteur qui se place volontairement, à certains moments, dans un rôle de subordonné (sur un pied d'égalité avec le destinataire).

La partie principale du texte est composée de l'affirmation de vérités universelles: ce sont des valeurs qui «dictent» aux militaires leur conduite, ou «au nom desquelles ils se battent», ou «qu'ils ont pour mission de préserver». Elles deviennent non seulement l'argument majeur du texte, mais elles sont à la source de son homogénéité. Leur caractère universel prévient et exclut toute discussion.

Ce discours est une définition de principes à partir desquels sera justifié l'exercice autoritaire du pouvoir. L'impossibilité d'argumentation à partir de ces principes (le manque de «prise»), créée par les constructions génériques et les quantificateurs, témoigne de leur aspect autoritaire et doctrinaire. Le discours bâtit une unité et ne laisse pas de place à la différence, à la dissidence (les vérités proclamées universelles ne sauraient être contredites, et le groupe concerné par *todos* ne pourrait être divisé, par définition.) L'Autre en est exclu. Pour reprendre la terminologie de Authier-Revuz (1984), l'hétérogénéité montrée qui s'y manifeste renvoie circulairement au discours du *statu quo*: l'Autre n'est admis dans le discours que par sa communauté d'intérêts avec le gouvernement. Quant aux formes implicites de l'hétérogénéité, elles laissent transparaître le discours de l'Autre pour le fusionner avec celui du locuteur. Ce discours ne permet pas l'échange; il ne pourrait qu'être remplacé par un autre discours proposant à son tour sa propre cohérence, ses propres définitions. Voilà la conception des rapports de force que nous renvoie le discours des militaires: le discours se présente comme exclusif et balaie tous les autres, sauf celui (dans la même lignée) qui aurait des prétentions similaires: il ne pourrait, à ce moment, être engendré que par un coup d'État.

Chapitre III

Le rôle de la politique de «distensão» dans les discours de 1977

En 1977, l'Exécutif a recours à des moyens arbitraires pour fermer le Congrès et imposer toute une série de mesures dont l'ampleur est telle qu'elles lui assurent un contrôle électoral et politique sans précédent. Cette décision survient pourtant dans une période annoncée comme étant favorable à la *distensão*. Compte tenu de l'évolution attendue du système politique sous le gouvernement Geisel, cet événement peut paraître discordant. Les discours de la période mars-avril 1977 témoignent en fait des tensions, des contradictions entre les principes que les acteurs soutiennent, même faiblement, et la position réelle qu'ils sont en mesure d'assumer.

La fermeture du Congrès permit au gouvernement de faire passer la réforme judiciaire qui, présentée sous forme d'amendement constitutionnel, avait été rejetée par le MDB à la fin mars et d'y ajouter quelques mesures jugées indispensables. Annoncée le 14 avril en même temps que la remise en marche des travaux parlementaires, la réforme prévoit de nombreux changements, dont les suivants:

— l'élection des gouverneurs redevient indirecte et une nouvelle catégorie de sénateurs, appelés «bioniques» est proposée[1];

— le quorum pour l'adoption des amendements constitutionnels passe des deux tiers à la majorité absolue (la moitié des votes plus un);

— il y a modification de la constitution du Collège électoral: les représentants des États ne sont plus calculés en fonction du nombre d'habitants dans chaque État, mais un nombre de six parlementaires, uniforme pour toutes les délégations des États, sera proposé pour le parti majoritaire;

— l'extension de la Loi Falcão — restreignant le temps d'antenne à la radio et à la télévision pour les candidats de l'opposition — aux élections nationales.

Derrière l'argument d'un système judiciaire désuet n'ayant pas accompagné la modernisation survenue dans d'autres domaines, le Président Geisel propose des réformes constitutionnelles dans le but de maintenir le contrôle électoral. Ces mesures sont destinées à renforcer la position parlementaire de l'Arena et à lui assurer une majorité aux élections générales de 1978[2]. Rappelons que les élections de 1974, et les municipales de 1976, ont fait apparaître la

---

1. La création de sénateurs «bioniques», choisis par un Collège électoral, assure au gouvernement l'acquisition de 21 des 66 postes au Sénat (jusqu'en 1986). Si on ajoute les 6 postes déjà acquis en 1974, il ne lui resterait plus qu'à gagner 7 postes sur 22 pour obtenir la majorité. Cf. B. Kucinski (1982: 61).

2. L'Arena ne détenait plus les deux tiers des voix et, comme le souligne Carlos Chagas, l'uniformisation du nombre de délégués aura comme conséquences directes d'avantager le parti du gouvernement par rapport au MDB: «Assim, a delegação de São Paulo, muito maior e oposicionista seria igual à representação do Piauí, muito menor, mas arenista» (Chagas 1985: 235). [*Ainsi, la délégation de São Paulo, plus étendue et oppositionnelle, serait égale à la représentation du Piauí, beaucoup plus petite, mais «aréniste».*]

menace du MDB dans les grandes villes, d'où l'importance de contenir cette force oppositionnelle et de s'assurer, pour lui et le parti du gouvernement nettement en perte de vitesse, une victoire éclatante lors des élections de 1978. La solution adoptée consiste à faire de ces élections — qui par la Constitution de 1969 doivent être directes — des élections indirectes en proposant un amendement constitutionnel.

Une nouvelle thématique

À la première réunion ministérielle du gouvernement Geisel, le 19 mars 1974, le Président dresse les premiers jalons d'une politique d'ouverture. Il y est fait mention des améliorations démocratiques «graduelles mais sécuritaires» qui permettraient de substituer à l'action répressive «des moyens efficaces à l'intérieur du cadre institutionnel» pour la poursuite des objectifs du gouvernement (voir Kucinski: 20).

La référence à des idéaux démocratiques a toujours été présente dans le discours politique brésilien, même dans les périodes les plus répressives, comme celle du décret de l'Acte institutionnel 5. Medici avait promis «o restabelecimento da democracia» [*le rétablissement de la démocratie*] avant la fin de son mandat, et même quelques années avant, le Président Costa e Silva avait exprimé les mêmes désirs. Cependant, la constance et l'ampleur de cette référence s'intensifient dans la période du gouvernement Geisel: c'est une revendication que l'on retrouve non seulement dans les différents secteurs de la population, mais aussi chez les dirigeants politiques, d'où son importance.

L'éclosion d'un vocabulaire particulier en témoigne: *distensão, abertura*. Il ne faudrait pas croire que ces termes sont parfaitement synonymes; en effet, leur sens, bien que jamais défini précisément, prend une acception particulière selon les auteurs qui les emploient et le moment de leur utilisation, c'est-à-dire la situation politique qui prévaut[3]. C'est l'insertion de ces termes dans le contexte politique et la prise en considération des intérêts des locuteurs qui seules, permettent leur interprétation. Ces visées démocratiques, jamais clairement définies, donneront lieu à de nombreuses spéculations tant dans la pratique quotidienne que dans les études en sciences sociales.

Cette indétermination, loin d'entraver le travail de l'analyste du discours, lui fournit au contraire un champ des plus intéressants. L'avantage d'une telle analyse, c'est qu'elle n'a pas à travailler à partir d'une définition précise de l'ouverture, des projets politiques en cours d'élaboration. Il n'est pas question de forcer les interprétations puisque le fait même de leur multiplicité est pertinent. Autrement dit, l'ambiguïté des discours constitue en soi un objet d'étude, que nous exploiterons pour la période qui nous occupe. Cela rejoint notre préoccupation qui est de ne pas tant considérer le contenu, comme objet prioritaire d'analyse, mais la forme des interventions, leur organisation sur le plan énonciatif et argumentatif.

Partant du présupposé que les intentions présumées du locuteur, son interprétation de la situation d'énonciation immédiate, ne sont pas déterminantes dans la production du sens d'un texte, mais qu'elles sont elles-mêmes subordonnées à la formation idéologique à laquelle il s'identifie et au contexte socio-historique plus général, il importe de mettre le texte en relation avec ce contexte. En effet, l'argumentation non seulement reflète mais construit une vision de ce contexte, en fonction de l'idéologie du groupe auquel appartient le locuteur, ou qu'il est censé représenter, faisant intervenir un «savoir partagé».

---

3. Cette différence sémantique est fort justement soulignée par Luis C. Bresser Pereira (1984: 187).

En analysant les propos du Président sur la situation économique, nous n'avons pas accès de façon purement informative au problème économique, mais à la vision qu'il s'en fait en tant que membre d'une formation idéologique.

L'objectif économique et la quête de la légitimité

Malgré l'usage de la coercition, le gouvernement militaire, depuis 1964, se soucie constamment de sa légitimité, c'est-à-dire d'un appui en vue d'acquérir un certain droit à l'exercice du pouvoir et sans lequel il ne peut manœuvrer aisément. Comme le mentionnent De Góes et Camargo, l'acceptation de toute nouvelle mesure est proportionnelle à la légitimité que l'on reconnaît au gouvernement (1984: 183). Nous tenterons de dégager les principes argumentatifs qui sont à la base des discours du gouvernement et sur lesquels se fonde son raisonnement; nous aurons recours aux topoï, ces règles argumentatives de nature scalaire, définies par Anscombre et Ducrot et développées à partir des «lieux» d'Aristote[4]. Anscombre (1989) les décrit comme «des principes généraux qui servent d'appui au raisonnement, et jouent *mutatis mutandis* un rôle analogue aux axiomes d'un système formel» (23). Ce sont les particularités mêmes des textes analysés, à savoir la spécificité des arguments et leur forte récurrence, qui favorisent la saisie du mouvement discursif au moyen de cette notion de *topos*. De façon toute informelle, on pourrait ainsi reformuler les principes généraux qui sont à la base de la quête de la légitimité par le gouvernement, de la façon suivante:

---

4. Voir entre autres travaux des auteurs, ceux de Anscombre et Ducrot (1986) et Anscombre (1989). Mais nous faisons sans doute un usage particulier, non typiquement linguistique de la notion de topos.

Plus il y a de stabilité, plus il y a de légitimité.
Plus il y a de stabilité, plus il y a acceptation des nouvelles politiques.

Ils sous-tendent les discours et constituent les conditions mêmes de la prise de parole.

Les productions discursives de Geisel comportent des références prépondérantes à l'activité économique et aux performances exceptionnelles du Brésil. La vague de prospérité qu'a connue le pays avant l'entrée en fonction du Président coïncide sur le plan discursif à toute une rhétorique incitative, de ralliement concernant la dynamique économique. Faucher (1981a) rapporte des slogans se rattachant à la mystique de la croissance:

> Plusieurs campagnes sont menées pour exalter la grandeur nationale. Aucune démonstration, aucun débat, il s'agit d'un bombardement de slogans: *Esse é um país que vai para frente; Ninguem segura este país; Brasil: ame-o ou deixe-o.* Ce dernier slogan repris de l'américain est particulièrement insidieux dans le contexte brésilien. Il associe l'opposition et la subversion et condamne implicitement tous ceux qui se trouvent en exil forcé, parfois depuis 1964 (204).

On ne peut passer sous silence l'importance de l'enjeu économique dans cette deuxième partie des années 70. Sortant d'une période faste, appelée «le miracle brésilien», le gouvernement Geisel se trouve aux prises avec un ralentissement économique qu'il doit réussir à faire accepter[5]. En effet, les enjeux sont importants car la légitimité du régime est directement liée à sa performance économique. Dès 1964,

---

5. L'inflation atteint 46%, le plus haut niveau des dix dernières années. Le gouvernement tarde à imposer des contrôles: «Trois ans après le déclenchement de la crise économique, le gouvernement n'a pas su se résoudre à sacrifier le taux de croissance à la stabilisation monétaire et à la réduction du déficit» (Faucher 1981a: 96).

la réorganisation de la structure du pouvoir et l'importance accrue accordée à la sécurité nationale se justifient par la volonté de valoriser le développement économique. L'accent mis sur la croissance économique augmentera vers la fin des années 60 et sera entretenu aussi longtemps que les performances économiques le permettront. N'oublions pas que jusqu'à ce moment, c'était la politique du «trépied» qui prévalait, c'est-à-dire ce pacte formé de l'alliance entre la technobureaucratie d'État, la bourgeoisie locale et les entreprises multinationales. L'État s'est engagé à respecter les intérêts de la bourgeoisie industrielle et le gouvernement remplit cet engagement tant que l'expansion économique se poursuit (voir Faucher 1981a: 162-163; Martins 1982: 17; Bresser Pereira 1984: 189; Evans 1979).

Tout ce qui est lié à l'objectif de la croissance et au combat contre l'inflation (la concentration des revenus, la dénationalisation de l'économie, etc.) sera présenté comme le prix à payer en échange du rendement économique. «Délaisser les intérêts du groupe au profit du bien de la nation» devient la priorité du gouvernement et face à laquelle il requiert la coopération. Évidemment, les militaires tiennent à se montrer exemplaires à ce sujet et se présentent toujours comme agissant pour la Nation. Mais cette affirmation est destinée à écarter un énoncé possible: «Le président est lié, a des engagements envers le groupe x» attribué à un énonciateur potentiel qui pourrait être l'opposition interne (certains militaires, ceux de la *linha dura*) ou l'opposition externe. Une réponse aux objections possibles est fortement réitérée dans le discours du 15 mars du Président Geisel:

> Quando assumi o Governo, declarei que *não* tinha compromissos com ninguém a não ser com a Nação. Hoje, continua a ser assim: não tenho compromissos pessoais de qualquer natureza. Tenho, sim, compromissos com o povo brasileiro e, estes, se Deus permitir, haverei de cumprir.
>
> *Lorsque je suis entré au gouvernement, j'ai déclaré n'avoir d'engagement avec personne sauf avec la Nation. Il en est*

*de même aujourd'hui: je n'ai aucun engagement personnel
de quelque nature que ce soit. Mais j'ai un engagement avec
le peuple brésilien et je devrai le remplir, si Dieu me le
permet.*

La négation dite «métalinguistique» (soulignée dans le texte ci-dessus) a cette particularité de renvoyer à l'affirmation d'un autre énonciateur qu'elle réfute (voir Ducrot 1972, 1973). Cette affirmation de principes est d'autant plus forte qu'elle s'appuie, par le recours au style indirect, sur un discours antérieur. On peut vouloir convaincre d'une décision en montrant sa cohérence, sa fidélité à d'autres principes énoncés.

Comme en témoigne cette citation du Président Geisel, non seulement les domaines économique et politique sont mis en relation, mais le premier règle l'appréhension du second: en effet, les termes utilisés pour rendre compte de la situation politique sont empruntés au domaine économique: «Crescemos também e nos desenvolvemos no campo político» (16 mars) [*Nous avons également étendu et développé notre pouvoir politique*]. La doctrine de la sécurité nationale repose, ne l'oublions pas, sur ce principe essentiel qui fait de l'ordre, de la stabilité politique, la condition essentielle à la confiance et au développement économique. Cette argumentation peut aisément se transposer en topos:

Plus il y a d'ordre public, plus le développement est favorisé.

La question du rendement économique a pris une ampleur telle que toute une rhétorique s'est développée autour de ce thème. On attribue aux antécédents de Geisel — issu d'un groupe de militaires considérés comme des intellectuels, le groupe de la Sorbonne, et ancien dirigeant de la Petrobrás — sa manière technocratique d'administrer le pouvoir comme s'il s'agissait de la gestion d'une entreprise. Des arguments liés à la rationalisation, l'efficacité, sont abondamment utilisés. L'empressement à faire surgir la planification dans les moments de crise a même été interprété comme une forme de discours servant à couvrir l'absence de décision: n'a-t'il pas dit que prévoir un problème, c'était déjà le résoudre à demi[6]! En misant ainsi sur l'organisation, il réussit à donner l'image d'un gouvernement responsable et réaliste: Geisel aura tôt fait de mettre en garde contre les réactions excessives, trop optimistes mais surtout trop pessimistes. Ce thème centré sur la rationalité sera ainsi utilisé pour écarter les critiques de l'opposition, qui sont jugées par le camp adverse comme basées sur l'émotivité. Cette argumentation reposant sur la rationalité joue un rôle prépondérant dans la tentative du gouvernement d'augmenter sa légitimité. Non seulement, il se dit au service de la nation mais il tente de convaincre qu'il est indispensable par les compétences qu'il possède, par son contrôle de la situation. La forme même de cette argumentation est susceptible de toucher les milieux d'affaires, les technocrates, bref, les groupes avec lesquels le gouvernement doit périodiquement renégocier son alliance.

La période de 1977 laisse entrevoir plusieurs problèmes; la centralisation du pouvoir de même qu'un avenir économique peu reluisant auront une influence directe sur la quête de la légitimité. Ainsi, la baisse de la croissance économique à laquelle doit faire face le gouvernement Geisel

---

6. Par exemple, les déclarations de Geisel, le 31 mars: «Este é un desafio que nós temos pela frente e, para resolvê-lo, exige, ante de mais nada, que nós nos capacitemos de que um problema bem formulado, bem equacionado, traz em sí já uma boa maneira de resolvê-lo. O importante é que se saiba equacionar o problema, possa definir os seus contornos, suas condicionantes e aí então as soluções podem surgir» (*Jornal do Brasil*, 31 mars).

C'est un défi que nous avons pour l'avenir et, pour le réaliser, il exige avant tout que nous nous persuadions qu'un problème bien formulé, bien posé, constitue déjà une bonne manière de le résoudre. L'important est que si on sait bien poser le problème, on sait aussi définir ses contours, ses conditions, et à partir de ce moment peuvent surgir les solutions.

fait craindre une baisse de la légitimité. En outre, la politique économique adoptée par le gouvernement se veut non négociable et il se réserve toute initiative. Cette centralisation du pouvoir de décision provoque une réaction négative chez certains entrepreneurs qui, alliée à la conjoncture défavorable, commande un assouplissement des mesures adoptées (Faucher 1981a: 162-163).

> Alors que l'État a favorisé l'industrialisation, la concentration des entreprises, le renouvellement de la structure industrielle, participant directement à la réalisation des programmes jugés prioritaires, le pouvoir d'intervention économique de l'État est soudain dénoncé, principalement par les grandes entreprises, comme étant excessif et contraire à l'épanouissement du capitalisme national. En effet, l'appareil d'État, après une période de forte expansion, tend à se bureaucratiser, à devenir inefficace et représente pour la bourgeoisie industrielle un obstacle à la modernisation (Faucher 1981a: 314).

La critique de l'étatisme, dénonçant la présence envahissante de la bureaucratie, se juxtapose à celle de la légitimation politique et trouve son expression auprès des revendications pour la libéralisation (Martins 1982: 13). C'est ainsi que se manifestent au sein du gouvernement des pressions pour en arriver à une stabilisation économique associée à un durcissement politique.

Par ailleurs, les relations du Brésil avec les autres pays, tant du point de vue économique que politique, est un thème prépondérant dans les discours de cette période. On y trouve entre autres, la dénonciation des accords militaires Brésil/États-Unis. Le Brésil recherche pour l'industrie de l'armement, comme dans d'autres domaines, son indépendance. Sur le plan de la politique extérieure, l'image internationale du Brésil préoccupe le gouvernement. Cette image peu flatteuse est à recomposer sous peine d'affecter les négociations du Brésil avec les autres pays et de nuire au bon rendement économique.

O fato de ser um país altamente dependente do capitalismo central funcionou, nesse caso, para realçar os custos crecentes do autoritarismo e determinar a mudança política (De Góes et Camargo: 132).

La très forte dépendance du pays face au capitalisme central a eu pour effet, dans ce cas, d'augmenter les coûts de l'autoritarisme et de provoquer le changement politique.

On peut constater l'enchevêtrement de ces questions dans ce discours du 2 mars où la coordination linguistique est utilisée pour les mettre en relation:

O que importa mencionar é o quanto veio realçada a posição do Brasil no concerto internacional, com a diversificação e amplitude maiores de seu relacionamento externo e o dinamismo acrescido do diálogo político *e* dos contatos econômicos com países das mas variadas regiões do mundo.

Il est important de souligner à quel point s'est améliorée la position du Brésil dans le bloc international, par l'augmentation et la diversification de ses relations extérieures, le dynamisme accru du dialogue politique et des contacts économiques avec des pays de tous les coins du monde.

Ainsi, le rendement économique, le contrôle politique et leurs répercussions au niveau international sont des préoccupations constantes sous le gouvernement Geisel, et elles surgiront dans les discours comme points d'ancrage de l'argumentation.

Si, comme plusieurs études l'ont souligné, la solution à la crise économique doit être de caractère politique, la *distensão* sera le remède visant à permettre au gouvernement de recréer un nouveau système d'alliance[7].

---

7. «If one admits that the growth model must be modified and that the international economic situation no longer allows the presumption of access to world markets (capital, market outlets), this crisis forces a greater contribution from the local markets. [...] The regime's crisis has reached

La construction argumentative autour de la *distensão*

Le discours de 1974 de Geisel, lançant la thématique de la *distensão*, contenait déjà l'arrangement argumentatif qui allait lui permettre d'annoncer sa nouvelle politique (cité par Kucinski: 20):

Gradual, mais seguro aperfeiçoamento democrático...

Un avancement démocratique graduel mais sécuritaire...

[...] diálogo honesto e mutuamente respeitoso...

[...] dialogue honnête et respectueux de part et d'autre...

[...] clima salutar de consenso básico...

[...] un climat salutaire de consensus...

[...] institucionalização dos princípios da Revolução de 64.

[...] institutionalisation des principes de la Révolution de 64.

Manutenção da atmosfera de segurança e de ordem, fundamental para o próprio desenvolvimento econômico-social do país.

Conserver le climat d'ordre et de sécurité, essentiel au développement économique et social du pays.

---

such proportions that its ability to negociate the conciliation necessary for market division must be legitimized through the opening of political debate» (Faucher 1981b: 26-27).

Si on admet que le modèle de croissance peut être modifié et que la situation économique internationale ne s'appuie plus sur la présomption d'un accès aux marchés mondiaux (capital, débouchés), cette crise oblige une plus grande participation des marchés locaux. [...] La crise du régime a atteint des proportions telles que son habilité à négocier la transition nécessaire à la division du marché doit se légitimer par l'ouverture du débat politique.

[...] desenvolvimento tem que ser sem pausas de estagnação [...] retrocessos sempre perigosos.

[...] *un développement doit être sans stagnation [...] retours en arrière, toujours dangeureux.*

Si ces prétendues visées démocratiques ne peuvent être réalisées qu'à long terme et sont conditionnelles à l'élimination de toute menace communiste et à la consolidation du capitalisme, les effets de cette nouvelle thématique se font sentir à court terme, comme prévu: elle calme les tensions en devenant une promesse. Mais, du fait de sa réalisation conditionnelle, elle sera utilisée aussi comme objet de négociation.

Les discours présidentiels et ceux des membres du gouvernement seront examinés attentivement et analysés par la population mais surtout par les journaux. Ils parcourront ces discours — particulièrement avares de références à la politique intérieure et de traces concernant la *distensão* — à la recherche de précisions et d'une évolution marquée dans le cours des événements. La transition est aussi mise en rapport avec la politique extérieure du pays; elle est présentée comme ayant des effets bénéfiques au niveau international parallèlement aux politiques économiques. L'argumentation vise à convaincre du caractère dynamique et hautement réalisable de l'ouverture:

> Paralelamente, no setor político interno, a ordem pública, a estabilidade social, o espetáculo vigoroso de eleições livres e renhidas atestaram, em realidade, un grau de *amadurecimento propício a futuros avanços no caminho do aperfeiçoamento* das instituições e das práticas políticas (2 mars).

> *Parallèlement, dans le domaine de la politique interne, l'ordre public, la stabilité sociale, le spectacle stimulant des élections libres et acharnées, attestent, en fait, un degré de maturité propice à une orientation vers le perfectionnement futur des institutions et des pratiques politiques.*

Notons deux présupposés intéressants sur l'ouverture dans ce commentaire:

— la maturité est nécessaire à l'avancement politique vers des valeurs démocratiques;
— l'ordre public, la stabilité sociale et la tenue d'élections libres sont des indices de maturité.

Quant aux conséquences d'une telle maturité, elles sont formulées d'une façon prudente, pour le moins qu'on puisse dire: l'utilisation de *propice* veut dire *qui peut engendrer*: cette maturité est dite favorable et non nécessaire. En outre, plutôt que la forme plus directe:

amadurecimento propício ao aperfeiçoamento...

maturité propice au perfectionnement...

le Président préfère

amadurecimento propício a futuros avanços no caminho do aperfeiçoamento...

La présence de *avancos* et *caminho* comme doubles compléments contribue à creuser la distance avec le but promis et recherché: l'amélioration des institutions... Finalement, non seulement la visée — littéralement: «des progrès sur le chemin» — de la démocratie apparaît distante mais aussi lointaine dans le temps, comme en témoigne l'utilisation de *futuros* et de l'aspect perfectif qui renvoie linguistiquement à la durée d'un procès sans qu'un terme ne soit envisagé: *amadurecimento, avanços, aperfeiçoamento*.

Le paragraphe suivant, dans le même discours, réitère les limites imposées à l'ouverture:

Para tanto não regateará o Governo esforços *oportunos* e *bem graduados.*

Le gouvernement ne dépréciera pas pour autant les efforts opportuns et graduels.

Le locuteur s'identifie au gouvernement qui joue le rôle de juge de l'action (dont on ne nomme pas l'agent, le responsable) en décrétant si l'effort est opportun ou non, graduel ou non. On voit bien que dans l'attribution même du sens de ces adjectifs subjectifs, il assume le contrôle. Le prolongement de son énoncé est tout à fait intéressant par le lien de causalité établi

[...] esperando merecer compreensão honesta para seus objetivos e ações...

[...] *espérant mériter une réelle compréhension pour ses objectifs et ses actions...*

entre la tolérance politique du gouvernement et la coopération de la population. Voilà presque l'anticipation du déroulement de l'ouverture qui prend l'allure d'une négociation avec l'opposition, à laquelle il dicte une ligne de conduite. Finalement, le Président invoque l'argument suprême auquel tous les discours depuis 64 ont eu recours, à savoir l'allégeance à la Révolution.

[...] cuja medida justa — está ele convicto — se encontrará sempre no decidido empenho de bem servir à Nação e ao povo brasileiro, mediante consolidação dos alevantados propósitos da Revolução de 31 de Março de 1964.

[...] *une mesure juste — il en est persuadé — qui témoignera toujours du désir de bien servir la Nation et le peuple brésilien par le biais du renforcement des principes élevés de la Révolution du 31 mars 1964.*

En somme, l'ouverture est loin de bouleverser les politiques entreprises jusqu'alors et se situe même en continuité avec les discours sur lesquels elles s'élaboraient. Aucune rupture n'est mentionnée, ni aucun changement qui justifierait une réorientation idéologique. Les discours exploitent un argument de la cohérence du discours autoritaire mis sur pied en 1964, et les topoï soulevés sont dans le prolongement du savoir partagé des énonciateurs du discours autoritaire. La promesse d'un retour à la démocratie est ravivée par le gouvernement qui lui donne une nouvelle formulation dans les discours à partir de 1974. Il récupère une revendication du discours de l'opposition, mais qu'il ne présente pas comme telle: plutôt, il l'intègre dans les visées de la Révolution. Le gouvernement se donne comme initiateur et responsable de l'ouverture, dont il décide et contrôle le déroulement.

En revanche, bien plus que le gouvernement, la société civile est responsable de la popularité du thème de l'ouverture sur le plan de la circulation des discours. Malgré des commentaires laconiques et de maigres traces de ce changement politique possible chez les dirigeants, la réitération de ce thème dans les journaux principalement, ne va pas sans provoquer des réactions qui prennent peu à peu l'allure de pressions. Elles ne visent pas toujours à obliger le gouvernement à s'engager dans cette voie, mais au moins à se définir par rapport à cette option. L'annonce de ce changement pourra être utilisée abondamment par l'opposition, non pas comme une revendication mais comme une promesse qu'est tenu de remplir le gouvernement. Désormais, ce dernier devra rendre des comptes.

À l'occasion du troisième anniversaire de son gouvernement, le Président Geisel prononce, le 15 mars, un discours qui nous renseigne sur la nature et les modalités de la *distensão*. La forme de l'impersonnel:

> Fala-se muito em distensão.
>
> *On parle beaucoup de la «distensão».*

les propositions en relation oppositive:

> Mas eu tenho dito que nós devemos procurar um modelo nosso.

Mais j'ai toujours dit que nous devrions trouver un modèle
qui nous soit propre.

et la mise en garde, qui s'établit au moyen de restrictions:

Claro que esse progresso, no campo político, tem de ser pau-
latino, tem de ser gradativo e lento. Ele é função também
do desenvolvimento econômico e social, e é função sobre-
tudo dos homens, dos nossos dirigentes, da nossa elite, de
grau de compreensão que ela venha a ter dos nossos problemas.

Ce progrès dans le domaine politique doit venir petit à petit,
il doit être lent et graduel, bien sûr. Il dépend du dévelop-
pement économique et social et surtout des hommes, nos di-
rigeants, notre élite et du degré de compréhension qu'elle
possède de nos problèmes.

sont autant d'éléments qui laissent présager des obstacles à
ce projet, sans parler des conflits d'opinions: «[...] em que
pesem opiniões contrárias» [*où pèsent des opinions*
contraires].

En résumé, les nouvelles orientations envisagées par le
gouvernement Geisel sous l'appellation de *distensão*, ne
reçoivent pas dans les discours de définitions précises. Est-ce
à dire qu'il y a une volonté délibérée de maintenir l'indétermination ou plutôt une indécision dans la démarche à adopter? On pourrait spéculer longtemps sur l'une ou l'autre option, d'autant plus qu'elles ne sont pas mutuellement
exclusives et que les faits démontrent qu'elles se vérifient
toutes les deux à tour de rôle selon les moments analysés.
Les discours, cependant, nous fournissent ces informations
irréfutables:

— la problématique de la *distensão* est constamment
traitée en relation avec les autres thèmes comme le développement et la sécurité, appartenant à l'idéologie autoritaire, et
elle entre plus spécifiquement dans une relation de dépendance face à ces thèmes: elle ne possède pas de définition

propre dans les textes et se caractérise plutôt comme «ce qui sert le développement», «ce qui n'entrave pas la sécurité», pour citer quelques-uns de ces rapprochements;

— elle se présente dans des énoncés avec des constructions restrictives, comme en témoignent les termes mêmes dont on se sert pour désigner ces nouvelles orientations, où le «perfectionnement démocratique» n'est pas la «démocratie».

Jamais il n'est question de «changement», de «rupture» avec l'ordre politique qui prévaut depuis 1964, que ce soit explicitement ou implicitement, et pour cause. La problématique de la *distensão* se trouve en continuité avec l'idéologie de la Révolution et non en opposition avec cette dernière. Nous venons de voir l'intégration de cette problématique à l'argumentation utilisée généralement par les militaires et qui caractérisait le discours autoritaire. Ces données intertextuelles rendent compte des discours de 1977 et particulièrement celui du 1er avril, faisant l'annonce du *Pacote de Abril*: nous les retrouverons dans l'étude détaillée des énoncés.

Le schéma énonciatif

Les discours de 1977 ont cette particularité d'accorder une place prépondérante à l'opposition, à ses prises de position. Même si l'objectif est de les dénoncer, la mention du groupe adverse et de son discours est un facteur important des rapports entre participants qui s'établissent par la pratique discursive. Cette mention, comme nous le verrons, peut être explicite ou allusive. Le plus souvent, à travers les références à l'opposition se profilent des propos réels ou fictifs attribués à l'adversaire et que le gouvernement tient à démentir.

Le discours du 12 mars, par exemple, met clairement en scène les participants du discours par le choix des noms allié à la désignation de la personne en finale du verbe:

> *Estamos* realmente unidos — *povo* e *Governo*.
>
> *Nous sommes réellement unis, peuple et gouvernement.*

L'équivalent du *nous* collectif qu'emploie le Président dans le but de créer une unité renvoie à l'association *peuple/gouvernement* comme en témoigne l'apposition des noms coordonnés dans l'énoncé. Cette affirmation est faite pour dissiper tout avis contraire, d'où l'emploi de *realmente*. On enchaîne en faisant référence à ce discours qui pourrait mettre en doute l'association ci-dessus:

> Contrariando os vaticínios e as proclamações daqueles que *a nós se opõem*. A *Oposição* diz que o Governo e a Nação estão dissociados, mas eu não creio que assim seja.
>
> *Contredisant les prédictions et les affirmations de nos opposants. L'Opposition prétend que le gouvernement et la Nation sont désunis, mais je ne le crois pas.*

Ces deux énoncés, aussi simples qu'ils paraissent, sont riches d'information. D'abord, on apprend que c'est l'opposition qui met en doute l'association *peuple/gouvernement*, et que, ce faisant, elle s'oppose au gouvernement et au peuple (*nós*). Elle apparaît ainsi comme l'ennemi, non seulement du gouvernement — déclaration qui ne surprendrait qu'à demi — mais aussi du peuple. En outre, la structure dialogique de cet énoncé est importante: le Président désigne ouvertement l'opposition, responsable du conflit, mais en plus, il rapporte ses prétendus propos (forme du discours indirect).

En général, on peut observer que les références aux critiques possibles contre le gouvernement, du type ci-dessous, sont omniprésentes:

> [...] poderia vir até a desagradar a muitos, oferendo-se como alvo fácil às críticas irresponsáveis e demagógicas que nunca faltariam (2 mars).

> [...] *pouvant déplaire à plusieurs, s'offrant comme une cible idéale pour les critiques irresponsables et démagogiques qui ne manqueront jamais...*

Sans qu'ils soient nommés, les représentants de la bourgeoisie industrielle constituent les destinataires potentiels de certaines séquences discursives, particulièrement celles faisant référence de façon modérée aux critiques émises:

> [...] exigem, dos governos, desmedidos e persistentes esforços nem sempre bem compreendidos... (2 mars).

> [...] *exigent des gouvernements des efforts constants et démesurés mais qui ne sont pas toujours bien reconnus...*

> [...] para que não deixem de criticá-lo (o Governo) honestamente no que lhe pareça merecê-lo, pois que essa crítica será sempre valiosa, mas ajustando-o a promover o desenvolvimento do país (2 mars).

> [...] *afin de continuer à le (le gouvernement) critiquer de façon constructive lorsqu'il le mérite, car cette critique sera toujours reconnue si elle sert à promouvoir le développement du pays.*

Le jeu des pronoms nous renseigne aussi sur la vision qu'a le Président Geisel des relations du Brésil avec l'extérieur. C'est par contraste avec l'Autre — c'est-à-dire les autres pays et nations — qu'il utilise la forme renvoyant au *nous* et qu'il parle au nom de la Nation: «Nous, Brésiliens». Ce lieu à partir duquel il se place dans le discours — représentant et dirigeant légitime de la nation brésilienne — l'autorise à construire la spécificité du Brésil, que ce soit sur le plan de l'économie, du régime démocratique, des droits humains. En effet, la recherche de l'autonomie nationale et de l'indépendance sur le plan économique se trouve généralisée et appliquée au domaine politique. Le Brésil doit entrer en relation avec les autres pays comme partenaire égal mais avec ses particularités qui commandent des différences dans l'orientation politique. Ainsi, cette spécificité qu'il défend correspond à une distanciation qu'il établit entre *nous* et *les autres*. Il se prémunit de cette façon de la volonté qu'auraient certains de vouloir utiliser les pays capitalistes comme modèle non seulement économique, mais aussi politique, et de revendiquer un système démocratique équivalent.

En contrepartie des références définies aux acteurs et participants du discours, se trouvent aussi des séquences qui masquent les agents. Le Président ne fait pas référence à lui-même comme locuteur, ou comme représentant d'un groupe, et se retranche plutôt derrière «l'État et ses exigences». L'absence de marque agentive ou de renvoi aux fonctions du locuteur donne l'illusion de l'absence de responsable au profit d'une nécessité, d'une obligation impérieuse.

En bref, le discours tente prioritairement de construire l'association gouvernement/peuple, notamment par l'emploi du pronom *nous* et de la forme verbale qui lui est associée. Cette association se bâtit par la marginalisation d'un autre participant: l'opposition, désignée par la troisième personne. Cette dernière se confondra avec l'ennemi. En effet, de façon étonnante mais combien plus efficace, le discours essaie non pas de convaincre du fait que l'opposition est contre le gouvernement, mais qu'elle est contre le peuple. Soulignons aussi l'absence de marques du locuteur dans plusieurs énoncés où l'agent est remplacé par une forme impersonnelle ou dans d'autres avec l'État comme responsable: forme anonyme, non personnalisée mais qui se constitue en instance supérieure et permet de justifier l'action par la nécessité des besoins.

Les relations établies sur le plan énonciatif trouvent leur confirmation dans la doctrine de la Sécurité nationale, dont les références explicites abondent dans tous les discours et qu'il nous semble important de rappeler.

La doctrine de la Sécurité nationale

Les principes de la doctrine de la Sécurité nationale — élaborée et établie juridiquement par la Loi de Sécurité Nationale en 1967, sous le gouvernement Costa e Silva, après les premières attaques armées contre le régime — surgissent régulièrement dans les discours[8]. On remarque cependant qu'elle est plus évidente dans les discours des ministres que dans ceux du Président, probablement parce que les interventions de ce dernier accompagnent le plus souvent un événement particulier, pour l'expliquer, le justifier, tandis que les ministres interviennent (dans les discours plus longs que les simples commentaires) pour rendre hommage et marquer leur allégeance à l'orientation du Président.

Ces principes, qui justifient l'action des militaires règlent la protection de la Nation contre les ennemis identifiés comme étant principalement la subversion et la pénétration du communisme. On les retrouve à l'état brut en 1977, dans ce discours du ministre de la Justice, Armando Falcão:

> O Estado se vê permanentemente ameaçado pela ação subversiva, totalitária e avassaladora, ostensiva ou disfarçada, a exigir dos democratas modernos uma atuação corajosa e objetiva, pronta e eficaz, que enfrente e domine, com rapidez e vigor, as tentativas de transformar o homen em escravo de tiranias implacáveis (16 mars).

> *L'État se trouve constamment menacé par l'action subversive, totalitaire et dominatrice, explicite ou déguisée; il exige des démocrates modernes une action courageuse et objective, rapide et efficace, qui affronte et domine, avec vigueur, ces tentatives faites pour transformer l'homme en esclave des tyrannies implacables.*

---

8. La LSN a été ensuite renforcée par Geisel, en août 1978, après les grèves des transports publics, celles des banques. Voir B. Kucinski (1982: 90-91).

Le travail du Président devient une *missão árdua* et les moyens utilisés sont admis comme étant «exceptionnels mais nécessaires», compte tenu des événements, des objectifs à atteindre.

Presidente da República, Presidente da Revolução, é o exemplo vivo da autoridade austera e vertical, enérgica e comedida, que governo sem personalismo, sem violência e sem ódio, sem vacilações e sem abusos, suprindo, normalmente, a Constituição e as leis comuns, e aplicando, de modo restrito, os diplomas extraordinários, que os fatos exigiram como instrumentos ágeis da segurança interna, da paz pública, do combate à corrupção, do trabalho pacífico e construtivo, da liberdade com responsabilidade, do desenvolvimento harmônico e integral do país.

Président de la République, Président de la Révolution, voilà un exemple vivant de l'autorité austère, énergique et modérée, qui gouverne sans personnalisme, sans violence ni haine, sans faiblesses, sans abus, renouvelant normalement la Constitution et les lois; il applique de façon sélective les mesures extraordinaires exigées par les circonstances, mesures expéditives mais garantes de la sécurité interne, de la paix publique, du combat contre la corruption, du travail pacifique et constructif, de la liberté responsable, du développement harmonieux et intégral du pays.

On rappelle aussi quelles sont les valeurs négatives que la Révolution de 64 a combattues afin de «sauver le pays de ce danger et l'entraîner vers le changement»:

A administração de Vossa Excelência, por isso mesmo, vê na *crítica* judiciosa e desapaixonada uma contribuição importante e patriótica, rechaçando porém, *a contestação, a contra-revolução, o desafio a 64*, que vez por outra aparentam desconhecer a verdade definitiva, segundo a qual o Brasil mudou e *não recuará a um passado que repudia* (16 mars).

127

Pour cette raison, l'administration de Votre Excellence admet et juge la critique judicieuse et non passionnée comme une contribution valable et patriotique, mais elle repousse, cependant, la contestation, la contre-révolution, le défi contre 1964, réalisé par ceux qui ne reconnaissent pas cette vérité immuable selon laquelle le Brésil a changé et ne reviendra plus en arrière, dans un passé qu'il répudie.

Les éléments en italiques sont indispensables pour la compréhension des prises de position du gouvernement et des arguments qui seront invoqués tout au long de cette période de 1977. La dernière phrase contient un présupposé: «le Brésil répudie un passé x», qui renvoie au principe énoncé ci-dessus. Mais le fait même de rappeler ce principe ne laisse-t-il pas entendre que le danger en question est toujours présent? D'autres énoncés vont dans le même sens et cherchent à indiquer, en contrepartie des rumeurs de libéralisation, qu'un contrôle militaire strict continuera d'être assumé. L'accent mis sur la menace permanente:

[...] o Estado se vê permanentemente ameaçado... (16 mars).

[...] *l'État se trouve constamment menacé...*

l'ampleur de la tâche à accomplir et les objectifs qui restent à atteindre sont autant d'arguments en faveur du *statu quo* et d'indices de la volonté de permanence des militaires:

[...] que muito já se fez mas que muito ainda há que fazer, muito ainda há que aperfeiçoar nos planos econômicos, social e político (16 mars).

[...] *d'importants progrès ont été réalisés mais il reste encore beaucoup à accomplir pour améliorer les domaines économique, social et politique.*

Il est important de noter que l'emploi du verbe *aperfeiçoar*, utilisé généralement par le Président Geisel pour parler des changements possibles vers la démocratisation, est

employé dans un énoncé argumentant en faveur du *statu quo*:
ce type d'énoncé, par la superposition exacte du discours
autoritaire et des thèmes se rapportant à la libéralisation,
montre que l'orientation de Geisel en faveur de la *distensão*
est en continuité avec le projet autoritaire de 1964 (comme
l'indique la répétition de la construction linguistique comportant *muito*), ce qui atténue de beaucoup la portée du changement à envisager.

Selon l'étude qu'a réalisée Stepan (1986), le livre de
la Doctrine de l'École supérieure de guerre (ESG) stipule
une différence entre l'opposition qui est *a expressão legítima
da opinião divergente*, et la contestation:

> A contestação é vista como um ataque sistemático ao próprio
> regime, sendo, portanto, ilegítima e sujeita às medidas re-
> pressivas do Estado que derivam do princípio de autodefesa
> (62).

> *La contestation est considérée comme une attaque systéma-
> tique au régime et devient alors illégitime et sujette aux
> mesures répressives de l'État, qui dérivent du principe de
> l'autodéfense.*

Cependant, la pratique discursive révèle que l'action de
l'opposition n'est pas reconnue comme légitime par le gouvernement qui l'associe à la contestation du régime. Cette
position discursive fait de l'opposition un ennemi — et le
traite comme tel en le marginalisant dans le discours: elle
est en continuité avec les principes autoritaires des années
soixante et incompatible avec la place qui devrait lui être
faite dans une véritable ouverture politique.

Le discours de fermeture du Congrès

Le prétexte

Depuis plusieurs semaines, le Congrès a été informé de la volonté du Président de lui soumettre une réforme judiciaire. Plusieurs déclarations font surface sur la scène publique laissant entrevoir un rejet de cette réforme par l'opposition. Une rencontre entre le président du Sénat et le député Ulysses Guimarães pour négocier une solution politique acceptable est même tentée, devant la position ferme que semble vouloir adopter l'opposition.

Au moment où le Président entrera en action, annonçant publiquement les mesures spéciales auxquelles il recourt, il ne tentera pas de démonter le bien-fondé d'une telle réforme, et ne s'attardera pas non plus à en expliquer les modalités: ce thème occupera, en effet, une place négligeable dans l'ensemble de son discours, ce qui prouve que l'enjeu réel du conflit est ailleurs. Il s'efforcera plutôt de reconnaître des torts à l'opposition et de faire son procès sur la base des principes de la Révolution. Le comportement de l'opposition qui tente de bloquer l'amendement constitutionnel est un argument utilisé pour justifier non seulement l'imposition de la réforme mais son contenu même (qui était pourtant fixé avant l'événement en question). Plus qu'une simple réforme, il s'agit pour le gouvernement de se donner des pouvoirs pour contrôler, à court terme, le processus électoral, s'assurant ainsi à plus long terme l'exercice du pouvoir.

Cependant, par leur contenu, les discours ne laissent absolument pas transparaître l'inquiétude; au contraire, dans l'ensemble des interventions précédant la fermeture du Congrès, la question électorale est toujours présentée comme une réalisation du gouvernement, dans une perspective optimiste:

> O ano que findou, apesar da dinâmica mobilização do povo para as eleições de 15 de novembro, nas quais o Partido do Governo alcançou *consagradora e indiscutível vitória em todos os níveis...* (2 mars).

L'année qui s'achève a consacré la victoire indiscutable à tous les niveaux, en plus de la dynamique de mobilisation du peuple pour les élections du 15 novembre...

Revenons au 1er avril 1977, jour où le Président Geisel ferme le Congrès: est-ce pure coïncidence si cet événement survient au moment des célébrations du 13e anniversaire de la Révolution? Le long discours présenté à cette occasion devant les militaires constitue un survol des réalisations de la Révolution et de la contribution de son gouvernement à l'œuvre entreprise depuis 1964. Les généralités et les affirmations de principes sont prépondérantes; ce sont ces mêmes principes qui seront invoqués pour justifier le recours aux mesures arbitraires, composant une structuration du discours sur le mode autoritaire, semblable à celui ayant annoncé l'AI-5 de 1968-69.

Lamentavelmente, em função da atuação de uma minoria que praticamente dentro do Congresso se transformou numa ditadura, minoria que se prevalesce da circunstância de que uma reforma constitucional exige um quorum de 2/3 para aprovação de qualquer projeto, não foi possível obter a aprovação dessas medidas, embora o governo contasse com o apoio integral, maciço, de todo o partido da Arena. E, sem dúvida, um fato lamentável (1er avril, 12).

Même si le gouvernement comptait sur l'appui intégral et massif de tout le parti de l'Arena, nous n'avons malheureusement pu obtenir l'approbation de ces mesures, à cause de l'action d'une minorité à l'intérieur du Congrès qui s'est pratiquement changée en dictature, en se prévalant de la nécessité d'obtenir un quorum de 2/3 pour l'acceptation d'une telle réforme constitutionnelle. C'est un fait déplorable.

L'attitude du locuteur face au fait raconté est rendue par répétition (*lamentavelmente, lamentável*), ce qui accentue l'impression de désagrément. L'objet du litige est la non-approbation d'un projet de réforme constitutionnelle, mais surtout, sa mise en relation avec l'agent responsable qui est qualifié négativement. La relation est de causalité: c'est parce que le groupe en question a rejeté le projet, qu'il s'impose comme une dictature. Il est intéressant de constater que l'agent n'est pas nommé, mais son identité ne fait aucun doute puisque le reste de l'énoncé disculpe l'Arena: c'est le MDB. Le gouvernement se retranche derrière des principes généraux pour entrer en conflit avec l'opposition et de cette manière lui inflige le même rôle qu'il réserve à l'ennemi: il se sert de la dichotomie minorité/majorité pour la condamner et la décrit comme une «dictature», empruntant ainsi un argument de l'opposition pour le retourner contre elle.

«uma minoria... se transformou numa ditadura» vs

«apoio integral, maciço, de todo o partido da Arena»

Puis une négation réfutatrice, rejetant une affirmation possible de l'opposition: «le gouvernement est puni par cette mesure», vient détourner de l'antagonisme *opposition/gouvernement* pour tenter de convaincre de l'antagonisme suivant: *opposition/peuple,* déjà présent dans l'intertexte (voir discours du 12 mars, abordé à la section «Le schéma énonciatif»).

Prejudicado com esta medida não é o governo, prejudicado é o povo, prejudicado é a Nação brasileira, que precisa de uma nova Justiça.

Cela a porté préjudice non pas au gouvernement, mais au peuple, à la Nation brésilienne, qui a besoin d'une nouvelle Justice.

Cette négation réfutatrice montre que le discours constitue aussi l'opposition en destinataire: c'est à elle qu'il s'adresse même s'il ne le fait pas explicitement.

Le discours doctrinaire

Cette fin de discours que nous venons de voir et où il est fait allusion à l'événement parlementaire du 31 mars, a été amenée suite à l'affirmation de principes plus généraux, comme la sécurité, l'ennemi, l'image internationale du Brésil, et leur insertion dans l'argumentation. Le complexe sécurité/développement est fortement réitéré, sans laisser apparaître aucun indice d'un changement sur la voie démocratique. En effet, les énoncés qui lient passé, présent et avenir le font en continuité avec les principes de la Révolution:

> *O objetivo que nos moveu, nos move e sem dúvida nos moverá nos próximos anos* é, como já disse muitas vezes, o bem-estar do homem brasileiro. [...] Dentro desse objetivo, a nossa doutrina, como também muitas vezes já foi definida, é uma doutrina em que procuramos o desenvolvimento e junto com o desenvolvimento, ligada fundamentalmente — a Segurança.

> *Le but qui nous anime, qui nous a animé dans le passé, et nous animera dans l'avenir, est, je le répète, le bien-être du citoyen brésilien. [...] Par ce but, notre doctrine, comme elle a souvent été définie, vise le développement, et avec le développement, la Sécurité, qui lui est liée fondamentalement.*

Cette doctrine, le Président semble vouloir l'imposer par la formulation même de son discours qui renvoie, au moyen du discours indirect, à des assertions passées: on crée ainsi une tradition discursive, un retour à une vérité déjà exprimée et assumée publiquement. Une telle formulation, par laquelle le locuteur exprime sa solidarité avec un discours passé mais appartenant au même groupe idéologique et qui lui sert de caution, relève de l'auto-légitimation.

> A segurança é fundamental ao desenvolvimento. Só ela gera um clima de paz, de ordem, de continuidade, de tranquilidade que permite os investimentos e que permite o trabalho em

ordem e consequentemente permite o progresso (1er avril §13).

La sécurité est essentielle au développement. Elle seule peut apporter un climat de paix, d'ordre, de continuité, de tranquillité qui favorise les investissements, et qui permet le travail discipliné et, en conséquence, le progrès.

Elle est liée sémantiquement à cet objectif de l'élimination de l'ennemi, dont la référence implicite intervient quelques lignes plus loin dans le texte:

As tentativas de terrorismo, de sequestros, de guerrilha urbana de guerrilha rural, todas elas foram dominadas e o País vive tranquilamente, sem dúvida *vigilante e pronto* (1er avril §13).

Les tentatives de terrorisme, de séquestration, de guerrilla urbaine et rurale ont toutes été enrayées et le pays vit dans la tranquillité, mais, sans aucun doute, vigilant et prêt à toutes les éventualités.

Les adjectifs en finale indiquent que la même action pourrait être entreprise dans l'avenir si nécessaire. L'ennemi est identifié par la mise en application de certains topoï:

Plus x conteste le régime, plus x est un ennemi.
Plus x est contre le régime, plus x est contre la Nation.

dont la validité apparaît dans l'énoncé suivant:

Digo que vivemos numa democracia e que vivemos com liberdade, e torno a dizer o que muitas vezes já disse que só não há liberdade para aqueles que querem utilizá-la para destruir a nossa Nação.

Nous vivons dans une démocratie, nous vivons en toute liberté et j'ajoute ce que j'ai déjà dit plusieurs fois, seulement ceux qui veulent l'utiliser pour détruire la Nation n'ont pas de liberté.

On peut dégager le principe suivant:

Plus x est contre la Nation, moins x a de liberté.

Ce topos départage par contraste ceux qui jouissent de liberté et qui reçoivent les faveurs du régime, de ceux qui n'en ont pas. La démocratie commence, pour le gouvernement, avec cette dose de liberté qu'il consent à accorder. Il plaide en faveur de l'existence de la démocratie en s'appuyant sur la structure du double parti:

> Mas esses partidos, um do governo e um da oposição, existem e traduzem que realmente nós cumprimos e procuramos cumprir a nossa obrigação fundamental de viver num regime democrático (1er avril §5).

> *Mais l'existence même de ces deux partis, celui du gouvernement et celui de l'opposition, témoigne de notre volonté passée et future, et de notre obligation fondamentale de vivre dans un régime démocratique.*

Doit-on conclure que le fait de l'existence d'un parti d'opposition suffit au gouvernement pour qualifier le régime de démocratique tandis que l'exercice par ce parti de sa fonction d'opposition lui retire cette appellation? C'est du moins ce que suggère le discours du 1er avril.

Dans ce discours, il ne s'établit pas de véritable démonstration. Seuls des arguments choisis par le locuteur en accord avec une certaine idéologie sont posés comme devant amener une certaine conclusion. Comme on le voit, le locuteur est en plein contrôle de la manipulation des arguments, et il ne laisse pas le destinataire (nous, lecteurs, ou la population) tirer ses propres conclusions: ces dernières lui sont dictées par la nature même des arguments qui lui sont présentés, dans la cohérence discursive que la doctrine de la sécurité nationale a établie.

Tout en louant le peuple pour son adhésion aux valeurs morales, notamment sa capacité de travail, il porte un regard

135

critique sur l'époque de ce point de vue; il relève aussi des qualités qui, sous le couvert d'appartenir à la «Nation brésilienne», sont aussi destinées à ses dirigeants:

> Não apenas considerada formalmente, mas ela é citada nos foros internacionais, a sua voz é ouvida e muitas e muitas vezes é acatada, respeitada e às vezes mesmo, pelo bom senso, pela *renúncia* e pelo *despreendimento*, é aceita pelos demais (1ᵉʳ avril §10).

> *Non seulement on tient compte de sa présence, mais elle est citée dans les rencontres internationales, sa voix est écoutée, souvent respectée et même acceptée, par le sens commun, le renoncement et le désintéressement dont elle fait preuve.*

Même lorsqu'il est question de la Nation, le Président ne perd pas de vue les objectifs qu'il s'est fixés dans ses interventions et met à profit les occasions de réitérer les principes, les recommandations.

L'énoncé ci-dessus s'intègre à un long paragraphe où il est question de la réputation, de l'image internationale du Brésil. On voit toute l'importance que lui accorde le gouvernement; cela se comprend assez bien vu qu'il s'agit en fait du jugement de l'Autre, et de cette évaluation peuvent dépendre les relations politiques et économiques que le Brésil entretient avec l'extérieur. Le discours joue sur deux pôles à la fois: convivialité mais indépendance.

> Vivemos em paz e procuramos viver no respeito recíproco, conservando a nossa autonomia, sem, entretanto, fugir ao espírito de cooperação (1ᵉʳ avril §11).

> *Nous vivons en paix et devons vivre dans le respect mutuel en conservant notre autonomie, mais sans pour autant fuir l'esprit de coopération.*

En promouvant l'autonomie, il met en évidence la spécificité du Brésil et, conséquemment, ses différences non seulement du point de vue économique mais aussi politique.

E com os proprios Estados Unidos da América, embora tenhamos problemas, como sempre tivemos e continuaremos a ter, no campo econômico e agora em divergência de pontos de vista com relação ao campo nuclear e mesmo na consideração daquilo que deve ser apreciado como direito humano, convivemos bem... (1ᵉʳ avril §11).

Et nous sommes en bons termes avec les États-Unis d'Amérique, malgré des problèmes, comme par le passé, et auxquels on doit s'attendre pour l'avenir, dans le domaine économique et plus récemment, concernant les droits humains dans le domaine nucléaire...

L'emploi des pronoms est réglé sur l'établissement d'une distanciation avec l'Autre, tendance que nous avons soulignée à la section précédente. À cela s'ajoute le fait que la première personne est employée au début et la fin du texte: le Président cherche la complicité avec les militaires et personnalise ses déclarations en faisant part de son émotion. Les circonstances de ce discours, à savoir l'anniversaire de la Révolution, justifient dans une certaine mesure le style laudatif, de même que l'emploi d'un *nous* qui renvoie généralement aux Forces armées, et plus spécifiquement au gouvernement militaire.

L'événement qui coïncide avec ce discours, à savoir la fermeture du Congrès, n'est pas abordé sous l'angle de l'affrontement, comme cela aurait pu être le cas s'il avait accordé priorité aux sanctions. Plutôt, cette décision est présentée comme une mesure parmi d'autres devant mener à la modernisation, cette fois, du système judiciaire.

E preciso que essa Justiça se agilize, que ela se atualize, que ela se ponha no mesmo nivel do estágio que o Brasil alcança (1ᵉʳ avril §12).

Il est nécessaire que cette Justice s'adapte, s'actualise et se mette au niveau que le Brésil cherche à atteindre.

La détermination du Président à mettre fin aux obstacles qui surgissent peut se mesurer dans la force de l'affirmation:

Eu lhes *afirmo* que essa nova Justiça se fará (1er avril §12).

Je vous le dis, cette nouvelle Justice se fera.

À noter, l'usage de la première personne du singulier renvoyant au locuteur et soulignant en même temps l'importance de ses propos par contraste avec le reste des énoncés mais aussi parce qu'il souligne qu'il s'agit d'un engagement, d'un défi personnel.

Profitant de la même occasion, le général Frota, ministre de l'Exécutif, proclame plus ouvertement la prédominance des principes de la Révolution:

Os propósitos que acionaram militares e civís a agir em 1964, permanecem, integralmente válidos, e imutável é nossa determinação em fazê-los prevalecer (1er avril §5).

Les principes qui ont poussé militaires et civils à agir en 1964, sont entièrement valides et notre détermination à les faire respecter est immuable.

La population comme destinataire

Dans le discours du 1er avril destiné à la population, cette fois, et transmis à la radio et à la télévision, le Président intègre dans son argumentation des éléments nouveaux, dont certains qui éclairent les rapports du gouvernement avec l'opposition et la sauvegarde de l'image nationale.

Du point de vue de la structure discursive, ce discours comporte une particularité par comparaison à l'ensemble des discours autoritaires étudiés et même avec ceux de la période précédant l'événement. Pour une fois et de façon évidente, l'opposition est nommée dans le discours et ce, à plusieurs reprises:

[...] teriamos o apoio unânime do Poder Legislativo e dos membros tanto do partido do Governo como do partido da *oposição*.

[...] *nous aurions l'appui unanime du pouvoir législatif, des membres du parti du gouvernement comme du parti de l'opposition.*

Assim mesmo, procurou-se negociar com a *Oposição*...

Malgré tout nous avons tenté de négocier avec l'opposition...

Infelizmente, não se conseguiu resultado algum, porque a *Oposição* resolveu fechar a questão...

Malheureusement, nous ne sommes parvenus à aucun résultat car l'opposition a décidé d'en finir avec cette question...

Une prise de position aussi ouverte est étonnante si on se rappelle la tendance, dans les discours du gouvernement, à parler de l'ennemi sans l'identifier et à faire allusion seulement à l'opposition. Il ne s'agit cependant pas d'un changement significatif, d'un indice de libéralisation: c'est la nature même du conflit qui l'incite à en identifier clairement les responsables. Le Président se sert du vote de l'opposition au Congrès comme d'un cas exemplaire de menace à la Nation. Le comportement jugé fautif de l'opposition doit être dénoncé, ce à quoi s'emploie le discours présidentiel. Il est important de remarquer, cependant, que la délimitation de l'opposition se fait dans un sens étroit et ne se réfère en fait qu'au parti de l'opposition, le MDB. Le contraste avec l'Arena, qui suit dans le texte, le prouve: il est mené parallèlement et pour faire valoir les vertus démocratiques de ce dernier parti.

Cependant, le Président tient visiblement à montrer, dans ce discours, qu'il n'entre pas en conflit direct, sur la base d'intérêts personnels, avec l'opposition.

> [...] essa medida que não visa a punir os congressistas, mas que se tornou indispensável para dar ao País aquilo de que ele precisa (1er avril, Nation).

> [...] *cette mesure qui ne vise pas à punir les congressistes mais qui est devenue indispensable pour répondre aux besoins du pays.*

Cet énoncé se joint à d'autres qui insistent sur la nécessité des mesures en vue de l'adoption de la réforme judiciaire. L'ensemble vise à persuader que la fermeture du congrès est un choix de nature technique et non punitive, autrement dit qu'elle se justifie par le but à atteindre et non par animosité contre un groupe politique particulier. Pourquoi cette précaution? Pour diminuer l'importance de son acte et les gains réels qu'il s'octroie et surtout, pour éviter toute mise en relation entre les réformes prévues et les élections de novembre 78. En effet, si le gouvernement montrait qu'il impose des modifications législatives pour assurer l'avance de l'Arena aux prochaines élections, il admettrait, du même coup, les failles du système et la perte de contrôle du système électoral.

Notons aussi que la justification prend appui sur une rationalité technobureaucratique, souvent invoquée dans les discours du Président Geisel, ayant pour effet visé de garantir la compétence et l'impartialité de son auteur.

> Espero que o povo me apóie e me compreenda e saiba que essas medidas — de caráter excepcional, mas inteiramente legais — são feitas e adotadas no interesse geral da nação brasileira (1er avril, Nation).

> *J'espère que le peuple m'appuie, me comprend et admet que ces mesures — de caractère exceptionnel, mais tout à fait légal — sont adoptées dans l'intérêt de la nation brésilienne.*

En soulignant que ces mesures sont légales et non

arbitraires, il tient à atténuer la gravité de son geste et l'ampleur de la crise politique[9].

On est aussi frappé par l'importance que prend la justification de ces mesures. Des études préliminaires, à la mise en commun pour la formulation d'un projet pour en arriver à sa présentation au Congrès et aux difficultés de négociation avec l'opposition: toutes les étapes sont décrites en détail. Une décision difficile à faire accepter se justifie d'autant mieux qu'on arrive à montrer que d'autres moyens et solutions ont été envisagés avant d'en arriver aux moyens exceptionnels. De plus, l'argument que le texte du Président Geisel tient à mettre en évidence, c'est l'appui que le gouvernement a reçu de l'Arena; cet argument lui servira à faire valoir la différence de situation avec 1968, où le gouvernement Costa e Silva avait perdu tout appui de la base politique. L'allusion est présente et apparaîtra dans les commentaires plus explicites des membres de l'Arena qui suivront l'événement.

Le discours indirect est parfois utilisé dans les discours présidentiels pour nous donner accès au discours de l'opposition. Cependant, il s'agit d'une reformulation abrégée, non pas de ses paroles, mais des prises de position très générales à partir desquelles elle est susceptible d'être identifiée. Nous avons retenu deux interventions types:

---

9. L'interprétation *a posteriori* qu'en donne le député Israël Dias Novais est très éclairante: «Em virtude da manifestação maciça de solidariedade da Arena ao governo, não vejo nele caráter punitivo. Ele é necessário para que o governo se invista de poderes legislativos e constituintes. O presidente usou de instrumentos que estão na Constituição, dentro de um contexto legal que recebeu o juramento de parlamentares dos dois partido» (*Estado de São Paulo*, 2 avril).

En vertu de la manifestation massive de solidarité de l'Aréna vis-à-vis du gouvernement, je n'y vois pas un caractère punitif. Elle est nécessaire pour que le gouvernement se dote de pouvoirs législatifs et constitutifs. Le Président s'est servi d'instruments prévus par la Constitution, dans le cadre d'un contexte légal qui a reçu le serment de parlementaires des deux partis.

L'opposition dit que le peuple est contre le gouvernement.
C'est faux, ce sont eux qui sont contre le peuple.

L'opposition se dit en faveur de la démocratie.
En fait, elle viole les valeurs démocratiques.

Dans cette première proposition, l'objection attribuée à l'opposition est mentionnée pour mieux la contre-attaquer, tandis que dans la deuxième la mention du discours adverse n'est qu'un prétexte à la mise en œuvre d'une argumentation élaborée préalablement. La réfutation du prétendu discours d'autrui n'est qu'une étape dans la construction d'une cohérence discursive (c'est-à-dire l'ensemble des topoï et leur articulation) conforme aux principes idéologiques des militaires.

La récurrence de ces marques renvoyant à l'opposition montre l'importance que leur accorde le Président en cette période où il est vrai que les groupes d'opposition au régime se font entendre mais surtout, le parti d'opposition. Ce dernier a été choisi par la population pour canaliser le mécontentement à l'égard du gouvernement, et la force de coalition qui se manifeste contre les propositions du gouvernement, lors des sessions parlementaires, donnent un aperçu de la mobilisation en sa faveur qui pourrait se produire lors des élections de novembre 78. Le gouvernement se sent donc pressé de réagir.

Ainsi, il n'est pas étonnant que les discours se placent en conflit avec les forces oppositionnelles, et de façon plus couverte avec le MDB, que l'on associe volontairement à ceux qui profèrent des calomnies, à ceux qui possèdent un comportement anti-démocratique. Mais ce serait, en même temps, lui accorder trop d'importance que d'en faire l'enjeu prédominant du conflit: l'accent n'est pas mis sur l'obstacle à franchir, à savoir faire passer l'amendement constitutionnel, mais sur des objectifs plus larges et plus nobles, défendre et servir la Nation.

La réaction

Pour la première fois depuis l'amorce du discours de la *distensão* du Président Geisel, il est manifeste que l'argument de l'ouverture peut aussi servir de chantage auprès de l'opposition et se retourner contre elle: tout ce qui fait obstacle à l'intérêt de la Nation nuit aussi à l'ouverture. Comme le gouvernement est le seul juge de ce qui est intenté contre la Nation, on peut supposer que discursivement il possède le contrôle de cette prétendue ouverture et de son utilisation comme argument[10]. 1977 illustre l'impasse dans l'interaction discursive, dans le «dialogue» diraient certains, entre le gouvernement et l'opposition. Plusieurs commentaires, au lendemain de l'annonce de la fermeture du Congrès, prennent la forme suivante: «Comment un gouvernement qui veut progresser vers la démocratie peut-il exercer des sanctions contre un comportement parlementaire conforme aux normes démocratiques?» Cette désillusion, à la mesure de l'espoir qu'avait pu faire surgir une volonté d'assouplissement du régime, coïncidait avec une prise de conscience de la différence, pour ne pas dire de l'incompatibilité, de sens que chaque groupe attribuait à «démocratie», «liberté», etc. Les divergences idéologiques se manifestent encore et à tous les niveaux, y compris sur la question de l'ouverture du régime.

On ne peut manquer de souligner la réaction très vive du parti de l'opposition et de différents secteurs de la population à l'annonce de la fermeture du Congrès. Ainsi, par exemple, le député Freitas Nobre conteste le jugement porté sur le comportement de l'opposition en disant que, par son rejet de la réforme judiciaire, l'opposition n'a fait qu'utiliser un droit garanti par la Constitution (ESP, 2 avril). Il poursuit,

---

10. Cette conclusion s'obtient transitivement: «Moins il y a d'obstacles aux intérêts de la Nation, plus il y a *distensão*. Plus il y a *distensão*, moins il y a nécessité de recourir aux moyens exceptionnels».

par un discours de type modéré, qui reformule dans les termes du discours dominant ses critiques, son évaluation de la situation:

O MDB tem a consciência do dever cumprido.

Le MDB a la conscience du devoir accompli.

Nossa preocupação foi no sentido de aperfeiçoar a propositura do governo...

Notre préoccupation a été d'améliorer la proposition du gouvernement...

et répond directement aux accusations faisant de l'opposition une minorité:

Além disso, vale ressaltar que a posição do partido estava baseada em manifestações de tribunais de justiça, da Ordem dos Advogados e de numerosos estudos de professores de Direito e juristas renomados de todo o País (*Estado de São Paulo*, 2 avril).

En outre, il est important de rappeler que la position du parti était basée sur des déclarations du tribunal de justice, de l'Ordre des Avocats, sur des études réalisées par des professeurs de droit et des juristes réputés à travers tout de pays.

Des réactions beaucoup plus acerbes de dénonciation du régime font aussi surface. Il en est ainsi de la Lettre aux Brésiliens (Carta aos Brasileiros), transmise par les juges et publiée dans les journaux:

[...] a ordem imposta, vinda de cima para baixo, é ordem ilegítima porque, antes de mais nada, ilegítima é sua origem.

[...] cet ordre imposé d'en haut est un ordre illégitime, avant tout parce que son origine est illégitime.

Et par référence à cet ensemble de mesures que veut imposer le gouvernement et qui sera connu comme le *Pacote de Abril*, ils créent le néologisme «pacotecrática» qu'ils opposent à «démocratique».

Les membres de l'Arena en général reprennent avec plus de force les arguments présents dans le discours présidentiel et jettent le blâme sur le MDB. Plus radical, après avoir fustigé l'opposition, le député Fábio Vasconcelos s'acharne contre le peuple qui «ainda não tem condições de votar» (*Estado de São Paulo*, 2 avril) [*qui n'est pas encore en mesure de voter*].

Conclusion

Les préjugés favorables qui se sont manifestés rétrospectivement à l'égard du gouvernement Geisel à la suite de son engagement en faveur de la *distensão* sont plus influencés par l'espoir suscité que par les mesures concrètes d'une politique d'ouverture. En effet, il ne faut pas oublier le contexte global dans lequel cette nouvelle orientation, toute informelle (ne faisant l'objet d'aucun projet arrêté, n'entraînant aucune modification institutionnelle), était implantée. Les difficultés économiques, la rupture du système d'alliance, l'émergence de plusieurs groupes manifestant une opposition au régime, la menace du MDB sur le plan électoral, sont autant de facteurs qui obligent le gouvernement à ménager l'opposition et à tenir compte des aspirations de participation politique et économique accrues qui se font sentir. Mais cela se fait sans céder un pouvoir que le Président Geisel a bien en main, par tous les mécanismes de contrôle institués et la centralisation de la prise de décision.

Ainsi, l'ouverture se présente beaucoup plus comme un processus argumentatif destiné à atténuer les tensions afin de permettre la continuité du régime militaire, qu'un mécanisme réel de transfert du pouvoir. Ce n'est pas parce qu'un thème nouveau, concernant un changement, est lancé dans le discours dominant que l'on doive conclure à un changement d'orientation de la part du sujet parlant et du groupe qu'il représente. La pratique discursive, bien plus significative que le contenu des textes, n'a révélé aucun indice de ce changement, mais bien une continuité avec des séquences discursives autoritaires. Peut-on, dans ces conditions, parler encore d'ouverture? Il est douteux que l'on puisse en attribuer la réalisation à un gouvernement qui a érigé autant d'entraves à un tel changement qu'il n'a aboli d'obstacles, durant l'exercice de son pouvoir.

De son côté, l'opposition, toute désorganisée qu'elle soit, acquiert une présence qu'elle n'avait pas. Elle se manifeste surtout par la popularité accordée au MDB lors des élections, mais aussi de façon plus diffuse mais tout aussi efficace, par des discussions publiques sur la crise économique et l'impasse du système politique. Entretenues par les journaux et prises en main par différents groupes, syndicats, OAB, etc., ces interventions créent des pressions; la prévision, sinon le désir, d'un changement (après dix ans de régime militaire, dans une conjoncture économique et politique difficile) a tourné le débat vers l'ouverture. Il se manifeste au niveau de la canalisation de discours s'opposant au *statu quo*, plus que par les mesures concrètes qui auraient pu être entreprises par les dirigeants en faveur d'une démocratisation. Les discours s'opposant au *statu quo* ne sont pas nécessairement opposés au régime; parmi ceux-ci se trouve celui de la bourgeoisie cherchant à conquérir un espace politique, voulant redéfinir un nouveau système d'alliance, les technocrates en quête de nouvelles mesures pour s'adapter aux exigences de la conjoncture. On peut tenter une généralisation en voyant dans ces discours la recherche d'une autonomie (de nature corporative) qui, accidentellement, pouvait coïncider avec les revendications de libéralisation[11].

---

11. L. C. Bresser Pereira (1984) explique l'adhésion possible de la bourgeoisie industrielle à l'option démocratique par la capacité de cette

La promesse de *distensão* s'insère parfaitement dans la logique autoritaire développée jusqu'à ce jour. C'est une ouverture conditionnelle et restrictive qui est proposée, comme en témoignent les constructions dans lesquelles elle s'intègre. Elle est dépendante de l'atteinte des objectifs que se sont fixés les militaires: un meilleur développement et une plus grande sécurité permettent une plus grande ouverture du système. Mais dans ce domaine comme dans les autres, le gouvernement est l'initiateur de l'ouverture, celui qui donne à un degré qu'il est le seul à pouvoir évaluer; en effet, c'est lui qui définit les critères d'évaluation de la situation et les maintient dans une imprécision telle que cela accentue son pouvoir. En cela, l'indétermination discursive de la *distensão* est en tout point semblable à l'ambiguïté du terme «ennemi» et sert une plus grande liberté de manœuvre: la possibilité d'englober ou de restreindre l'application de ce type d'argument selon les situations est liée au monopole de l'argumentation que se réserve le locuteur. Lui seul décide si un argument peut et doit être utilisé dans une situation donnée. De plus, les choix lexicaux en disent long sur les stratégies argumentatives rendues possibles. Alors que l'opposition plaide pour la «démocratie», par contraste avec le régime existant appelé «autoritaire», le gouvernement rejette cette distinction. En faisant de la *distensão* un «perfectionnement démocratique», le *statu quo* est interprété comme ayant déjà atteint le stade «démocratique»; le gouvernement se réserve

---

dernière à combler ses besoins: «When pressured by the popular classes, the industrial bourgeoisie tends to adopt or accept a democratic posture, because it is a very numerous dominant class that needs institutionalized mechanisms to alternate power among the various groups and factions whose natural tendency is division» (194).

Sous la pression des classes populaires, la bourgeoisie industrielle tend à adopter ou à accepter une position démocratique, parce que c'est une classe dominante très large qui a besoin de mécanismes institutionnels pour effectuer le passage du pouvoir au sein des groupes et factions variés dont la tendance naturelle est à la division.

ainsi une plus grande marge de manœuvre: si le gouvernement devait se rétracter face à l'ouverture, cela n'entraînerait pas une situation illégitime et n'affecterait pas le caractère démocratique du régime déjà en place.

Le recours en 1977 aux moyens d'exception pour l'imposition de toute une série de mesures est une preuve de la coexistence paradoxale, à première vue, de deux discours: celui sur la libéralisation avec le discours autoritaire. Pourtant, à y regarder de plus près, avec l'analyse des constructions linguistiques et de la structure argumentative, on se rend compte que la problématique de la *distensão* se superpose sans rupture à l'argumentation autoritaire et même, est dominée par cette dernière. Loin d'être en contradiction avec le discours tenu par les militaires depuis 1964, elle est utilisée comme argument supplémentaire pour justifier l'action des militaires et leur maintien au pouvoir.

Chapitre IV

Le projet d'amnistie de 1979 au Brésil: les discours de domination et de résistance

> [...] tudo será permitido e vigiado dentro dos limites da democracia impostos pelo governo, sob pena de intervenção das Forças Armadas para garantia e tranquilidade do País, hoje uma possibilidade bastante remota[1].

> [...] *tout sera permis et contrôlé, à l'intérieur des limites de la démocratie imposées par le gouvernement, sous peine d'une intervention des forces armées pour garantir la tranquillité du pays, une possibilité aujourd'hui fort improbable.*

Présentation

En 1979, le gouvernement du Président Figueiredo accorde l'amnistie à ceux qui ont commis des crimes politiques

---

1. Déclaration faite par un général au journal *Estado de São Paulo*, 20 juin 1979.

sous le régime militaire, qu'ils aient été emprisonnés ou exilés, depuis septembre 1961, date de la dernière amnistie au Brésil. Ce projet suppose la réintégration sociale et politique des exilés politiques et la restauration des droits politiques aux politiciens démis de leur fonction en vertu des Actes institutionnels[2]. Voté au Congrès, le projet obtint une faible majorité des voix face à l'opposition incarnée par le MDB, le Mouvement démocratique brésilien. Nous en rappelons le contenu dans ses grandes lignes:

— sont amnistiés, tous ceux qui ont commis des crimes politiques, ce qui exclut sous l'appellation «crime contre l'humanité» tous ceux ayant commis des crimes décrits dans les termes mêmes du Président Figueiredo:

Excluem-se dos benefícios da anistia somente os condenados pela Justiça Militar, em virtude da prática de crimes de terrorismo, assalto, seqüestro, e atentado pessoal. Tais crimes não podem considerar-se estritamente políticos. A ação, no caso, não é contra o governo, ou o regime, mas contra a humanidade. Por isso mesmo em quase todo o mundo, têm-se como indispensáveis leis que coíbam esses atos[3] (19).

---

2. À partir de 1964, l'exercice du pouvoir par le gouvernement militaire se fera par la promulgation de décrets qui visent à altérer les règles politiques existantes et à déléguer plus de pouvoir au commandement militaire (Comando Supremo Revolucionário). Cet appareil législatif d'urgence avait pour but de purger le système civil jugé déficient. L'Acte institutionnel 5 en constitue le point culminant: décrété en décembre 1968, il transforme le pays en véritable dictature militaire. Il neutralise l'ordre juridique-constitutionnel pour conférer tous les pouvoir à l'Exécutif.

3. Alors que les rumeurs de l'amnistie prévoyaient que seuls ceux dont les crimes avaient entraîné la mort pouvaient se trouver exclus. Le projet est ainsi plus restreint que prévu; voir le *Jornal de Brasília*, 28 juin 1979. (N.B.: la numérotation renvoie à la sélection d'énoncés opérée dans le corpus; cf. annexe.)

Sont exclus de l'amnistie seulement ceux condamnés par la Justice militaire en raison des crimes de terrorisme, d'assaut, de séquestration et d'attentat personnel. De tels crimes ne peuvent être considérés comme strictement politiques. L'acte, dans ce cas, n'est pas contre le gouvernement ou le régime, mais contre l'humanité. Pour cette raison, il existe dans presque le monde entier des lois qui couvrent ce type d'actes.

— l'article 1 du projet établit l'amnistie pour tous ceux qui ont commis des «crimes politiques ou des crimes connexes», ces derniers étant définis comme des «crimes de qualquer natureza relacionados com crimes políticos ou praticados por motivação política» [*crimes d'une quelconque nature liés aux crimes politiques ou commis pour des raisons politiques*].

On interprète cette partie du projet comme servant à absoudre de tout blâme ceux pouvant être accusés d'avoir pratiqué la torture. Si le gouvernement admet en des termes voilés que des abus ont pu être commis quant aux mesures répressives utilisées, il les justifie par les circonstances particulières engendrées par un régime d'exception. Il incite verbalement à taire ces événements et on soutient qu'un pacte non-officiel entre les différentes factions militaires aurait été établi pour qu'aucun procès ne soit intenté contre l'appareil répressif[4].

---

4. Voici le point de vue juridique fourni par Ernani Satyro (relator da Comissão mista do Congresso e da Arena):

«A anistia é extinção da punibilidade, tanto que a Constituição fala em anistia e crimes políticos. Em termos estritos, em termos rigorosos, só há anistia para o crime político [...] Apenas, como o conceito é muito vasto, admite-se — como admite o projeto do Governo — que junto com a anistia, ou seja, com a anistia aos crimes políticos, sejam beneficiados também os autores de crimes conexos. Quando se fala em crimes conexos, se quer dizer crimes comuns, mas cometidos juntamente com o crime político» (26). [*L'amnistie met fin aux sanctions, de telle sorte que la*

D'autres clauses du projet peuvent être mentionnées:

— sont amnistiés, les fonctionnaires publics et militaires punis par les actes institutionnels et complémentaires; cependant, dans le cas d'un fonctionnaire ou d'un militaire amnistié, son retour au travail dépendra des postes vacants ou des intérêts de l'administration.

On y voit ici encore une preuve de la restriction pratiquée sur l'amnistie par le gouvernement, qui s'accorde une marge de manœuvre importante dans l'application de l'amnistie[5].

La concession du «pardon» (*indulto*) est une autre procédure juridique, utilisée par le gouvernement pour démontrer l'ampleur de l'amnistie; certains exclus de l'amnistie peuvent se prévaloir de ce pardon qui est accordé sur étude de chaque dossier et qui établit que l'individu ne pratique plus d'actes terroristes. Il vise principalement à corriger la trop grande rigidité du projet de loi sur l'amnistie et à régler les cas exceptionnels; le gouvernement s'en sert surtout pour atténuer les critiques formulées à l'égard de son projet en laissant entendre qu'il existe plusieurs voies pour devenir bénéficiaire de l'amnistie.

On pourrait s'attarder longtemps sur le contenu de l'amnistie et ses répercussions. Cependant, ce qui surprend

---

Constitution associe amnistie et crimes politiques. Dans un sens étroit, rigoureux, il n'y a amnistie que pour le crime politique [...] Comme le concept est très large, on admet — comme le fait le projet du Gouvernement — que soient reconnus comme bénéficiaires de l'amnistie, de l'amnistie pour les crimes politiques, les auteurs de crimes connexes. Par crimes connexes, on entend les crimes communs, mais commis en rapport avec le crime politique.]

5. Chaque ministère militaire (l'Armée, la Marine et l'Aéronautique) doit désigner une commission pour étudier le cas des militaires bénéficiant de l'amnistie et la réintégration possible à leur fonction. Elle dépendra de leur formation, de leur âge, des disponibilités de postes.

davantage, c'est la façon dont a été mené le débat sur la formulation du projet. Cette étude tente d'éclairer par l'analyse des discours les relations entre le gouvernement et les membres de la société civile, tous ceux qui, privés de pouvoir depuis 1964, peuvent prétendre regagner une place sur la scène politique. Cette cohabitation ne peut que demander, de la part de ces deux groupes, une définition de leur propre rôle et de celui qu'ils attendent de leurs partenaires politiques.

Une première préoccupation, en accord avec les choix théoriques et méthodologiques de l'analyse du discours, sera de montrer que les discours — appelons-les dominant et résistant — ne se distinguent pas uniquement au niveau du contenu, c'est-à-dire par les positions défendues face à l'amnistie, mais aussi au niveau de la forme. Chacun s'approprie des moyens linguistiques particuliers pour faire valoir sa position, et cette configuration du discours, aussi évidente et efficace que le choix d'un drapeau, d'un sigle, devient le signe d'appartenance à un groupe. Distinct sur le plan politique, nous montrerons que chacun des partis l'est aussi sur le plan discursif. Nous prenons pour hypothèse qu'à un niveau général, deux ensembles de textes délimités à partir des acteurs politiques se font face. Bien sûr, on ne saurait affirmer que des groupes, comme l'Église et les intellectuels par exemple, appuient l'amnistie «ampla, geral e irrestrita» [*ample, générale et non restreinte*] pour les mêmes raisons, ni supposer que des divergences importantes ne peuvent se manifester dans l'application prévue[6]. Ce qui importe pour les objectifs de cette analyse, c'est qu'un discours émerge,

---

6. Cette amnistie «totale» — mise de l'avant principalement par l'opposition — concerne tous les individus sans restriction quant à la nature des actes dont ils sont les auteurs. Cette formulation répond à celle proposée par le gouvernement qui vise à exclure ceux qui ont pu commettre des «crimes de sang» (assaut, assassinat, séquestration) pour motifs politiques.

que ce soit dans les conférences, assemblées ou dans les mass-media et qu'il se réalise par une communauté d'arguments dont l'importance peut s'apprécier tout à la fois par sa présence en des temps et lieux stratégiques, sa fréquence, l'adhésion qu'elle suscite auprès de groupes politiques.

La deuxième préoccupation vise à nuancer les conclusions négatives face au projet définitif et qui soutenaient que l'opposition était la grande perdante de cette «négociation», étant donné toutes les restrictions apportées par le gouvernement[7]. C'est là que l'analyse du discours apporte une contribution indispensable à l'interprétation de ce débat: nous espérons montrer comment le gouvernement se trouve forcé de formuler ses positions en adoptant la configuration discursive de l'opposition.

Un bref rappel historique

Amorcé déjà vers la fin des années 70 par différents groupes sociaux, le débat sur l'amnistie rejaillit avec force lorsque le Président Figueiredo annonce au début de son mandat son désir d'actualiser ce projet. Le gouvernement fait connaître ses intentions plusieurs mois avant la présentation du projet de loi sur l'amnistie devant le congrès, ce qui a pour effet de susciter des commentaires, de faire des mises en garde et de soulever des passions: bref, plusieurs y vont de leurs suggestions, de leurs revendications afin d'obtenir un projet de loi qui leur soit acceptable. L'argumentation générale porte sur la forme juridique de l'amendement (sous-jacente à cette question se trouve celle, bien sûr, du rôle du Président et de l'étendue de ses pouvoirs) et principalement sur son contenu.

À ce sujet, une question surgit, et elle sera de loin la plus débattue: celle de la détermination des bénéficiaires de

---

7. Cf. «Oposição golpeada», chap. 9, B. Kucinski (1982).

l'amnistie, car c'est à partir de là que sera évaluée la bonne foi du gouvernement. Alors que le gouvernement précise les buts, les conséquences de l'accord de l'amnistie, la société civile juge de l'étendue, de l'ampleur du projet qui sera présenté par le gouvernement. De façon plus générale, le débat donne un aperçu, dans les faits, de ce que pourrait être un partage des responsabilités sur le plan politique; pour plusieurs, c'est tout l'avenir du régime militaire qui se trouve anticipé à travers la question de l'amnistie et son passé remis en question.

L'amnistie s'inscrit dans une période dite d'ouverture (*abertura*), c'est-à-dire de changement, de transition, amorcée sous la présidence du général Geisel (1974-1979) qui souhaitait la fin des mesures exceptionnelles avant la fin de son mandat.

> [...] envidaremos sinceros esforços para o gradual, mas seguro aperfeiçoamento democrático ampliando o diálogo honesto e mutuamente respeitoso e estimulando maior participação das elites responsáveis e do povo em geral. [...] superados pela imaginação política criadora capaz de instituir, quando oportuno, salvaguardas eficazes dentro do contexto constitucional (cité par Kucinski: 20).

> [...] *nous nous efforcerons de réaliser un perfectionnement démocratique graduel mais prudent, en accentuant le dialogue honnête et respectueux et en encourageant une plus grande participation des élites responsables et du peuple en général. [...] portés par l'imagination politique créatrice capable d'instituer, si nécessaire, des défenses efficaces dans le contexte constitutionnel.*

Mais cette orientation subit un cours inégal; elle fut bousculée, entre autres, par la crise économique engendrée par la hausse du prix du pétrole, qui contribua à ce qu'on a appelé la fin du miracle brésilien. La bourgeoisie se dissocie alors des militaires technocrates, fait campagne contre l'étatisation de l'économie, c'est-à-dire la prédominance de l'État sur le capital privé dans le processus d'accumulation et exige des militaires qu'ils limitent leur rôle à celui de «pouvoir modérateur». La fin de la prospérité économique du Brésil emportait avec elle une bonne part de la légitimité des militaires au pouvoir.

Devant le résultat menaçant des élections de novembre 1974 — l'Arena est mis en position de faiblesse par le MDB qui recueille la majorité des votes au Sénat —, Geisel insiste pour définir ce changement dans l'ordre politique qu'il préconise, comme s'intégrant au processus contrôlé de la *distensão*:

> Tais pressões servirão apenas para provocar contra-pressões de igual ou maior intensidade, invertendo-se o processo de lenta, gradativa e segura distensão... (cité par Kucinski: 42).

> *De telles pressions ne serviront qu'à provoquer des réactions aussi fortes sinon plus fortes, pouvant porter atteinte au processus d'ouverture lente, graduelle et prudente...*

Les forces conservatrices au sein des militaires, appelées la *linha dura* [ligne dure], constituées de nationalistes de droite, exerçaient de fortes pressions sur le gouvernement. La «ligne dure» servait en même temps de prétexte, par allusion comme dans la citation ci-dessus, pour justifier toute mesure répressive qui allait dans le sens de la fermeture du régime.

En 1978, Geisel présente des réformes importantes pour concrétiser l'ouverture: il abolit l'Acte institutionnel 5, décrété en 1968. L'*habeas corpus* est restitué pour les détenus politiques, la peine de mort et l'emprisonnement à vie sont abolis, de même que la censure pour la radio et la télévision (voir Skidmore: 203; Kucinski: 89). En contrepartie, des réformes qui augmentent le pouvoir de l'Exécutif (pouvoir de déclencher des mesures d'urgence, l'état de siège ou d'urgence sans intervention du Congrès pendant une période de 120 jours) sont proposées à l'amendement constitutionnel 11. Quant à la nouvelle version de la Loi de Sécurité nationale, elle laisse intacts les principaux instruments juridiques de répression et certains la considèrent comme une façon déguisée de réintégrer l'AI-5.

Rappelons aussi que, sur le plan électoral, le parti du gouvernement n'obtient pas l'avance escomptée sur le parti de l'opposition, aux élections de novembre 1978. Malgré des mesures visant à freiner la popularité du MDB (la Loi Falcão, réglementant les apparitions à la télévision des candidats), le parti de l'opposition réussit à obtenir 47% des votes pour le Sénat et 39,3% à l'Assemblée nationale (Câmara federal; voir Kucinski: 98).

L'ouverture, c'est aussi la capacité de mobilisation de différents secteurs, comme l'Église pour des revendications économiques et sociales, les mouvements étudiants, les luttes syndicales. Plusieurs mots d'ordre accompagnant des tentatives de regroupement en faveur d'un retour à la vie constitutionnelle, surgissent («volta ao Estado de Direito» des avocats ou en faveur d'une Assemblée constituante, défendue par le MDB et le Front national pour la redémocratisation), mais ils ne réussissent pas à obtenir l'effet d'entraînement escompté. Mais quand surgit la campagne pour l'amnistie, elle reçoit un appui inespéré; les importantes révélations publiques sur la torture qui prévalaient à cette époque ne sont pas étrangères à ce succès.

Ainsi, tout le débat autour de la question de l'amnistie occupe une place importante dans le processus d'ouverture politique déjà amorcé, ou du moins annoncé, depuis quelques années au Brésil[8]. Plusieurs mouvements se forment et lan-

---

8. Les enjeux vont bien au-delà d'une simple discussion juridique sur le contenu d'un projet de loi: pour plusieurs dont le député Ademar Santillo, vice-leader du MDB à la Chambre, la conquête de l'amnistie représente le début d'une ère nouvelle: «Pois na realidade vai terminar com uma época de arbítrio, proclamando o surgimento de uma nova sociedade.» [*car en réalité elle marque la fin d'une époque d'arbitraire et proclame le début d'une nouvelle société.*] *Estado de São Paulo*, 19 juin 1979.

cent l'idée de l'amnistie. Dès 1975 est créé le Mouvement féminin pour l'amnistie (Movimento Feminino pela Anistia); il adhérera, en 1978, au Comité brésilien pour l'amnistie (CBA) qui voit le jour à Rio de Janeiro. Aux côtés du MFA se trouvent aussi les professionnels, dont les avocats, l'Église et les étudiants. Le regroupement a des répercussions importantes et des mouvements semblables naîtront dans la région de Bahia, São Paulo, Minas Gerais, Ceara et Pernambuco[9]. L'opposition réussit à travers ce mouvement à mettre de côté les sujets de conflits entre les différents groupes la composant pour se concentrer sur un nouvel espace politique à conquérir. Ce comité mène plus qu'un simple débat sur le contenu éventuel de l'amnistie: il fait des révélations sur les conditions de détention des prisonniers politiques, et lance des campagnes de défense des droits de l'homme ponctuées de dénonciations de la torture. C'est en novembre 1978 qu'a lieu à São Paulo le premier Congrès pour l'amnistie. Cependant, si le débat est bien amorcé, la question d'une mise en procès des militaires surgit et elle est loin de faire l'unanimité (voir Kucinski: 112).

Au début du mandat du Président Figueiredo (élu en mars 1978), lorsque le gouvernement s'approprie la question de l'amnistie, elle ne constitue donc pas un sujet nouveau sur la scène publique. Plusieurs groupes *ad hoc* l'ont reven-

---

9. Voir B. Kucinski (1982: 110). Au niveau parlementaire, le premier projet d'amnistie a été présenté en 1967 à l'Assemblée législative par la députée Nysia Carone, et a été suivi, la même année, de deux autres projets présentés eux aussi par des parlementaires exclus (*cassados*) par le régime militaire. Deux autres projets survinrent en 1968, puis quatre années s'écoulèrent sans autre manifestation en faveur de la restauration des droits civils et politiques. À partir de 1972, plusieurs nouveaux projets furent présentés — tous sauf un, celui du sénateur de l'Arena Dinarte Mariz, provenant de l'opposition. Malheureusement ils se sont soldés par un échec dont la cause peut être le manque d'appui comme le désir du gouvernement d'éviter qu'une décision d'une telle importance n'émane de l'Assemblée législative (voir article de *Jornal do Brasil*, 28 juin 1979).

diquée, y compris le MDB au cours des élections de 74, 76, 78. Le Président Figueiredo avait commencé son mandat en faisant des promesses personnelles pour réaliser l'ouverture politique qu'il semble vouloir tenir. C'est donc dire que ce thème occupera une place prépondérante dans les mois qui suivront.

Qui seront les bénéficiaires de l'amnistie?

Plus que la date d'entrée en vigueur de l'amnistie, ou sa forme juridique, la question prioritaire qui mobilisera tout le débat de l'amnistie sera celle des bénéficiaires de l'amnistie.

Ainsi, durant les deux mois qui ont précédé sa présentation devant le Congrès, le projet a suscité de vifs débats autour des questions suivantes:

1. qu'arrivera-t-il à ceux qui ont été condamnés pour corruption?
2. l'amnistie doit-elle s'étendre, parmi les prisonniers politiques, à ceux qui ont commis des assauts, séquestrations, etc.?
3. qu'adviendra-t-il de ceux ayant pratiqué la torture?
4. les civils et les militaires amnistiés pourront-ils réintégrer les postes et fonctions qu'ils occupaient?

Le débat se trouve orienté, par les discours des représentants du gouvernement, vers les questions 1, 2 et 4; la question 3, cependant, est de loin la plus litigieuse car elle relève de la définition même que les partis en présence veulent bien donner de l'amnistie. Des accusations devraient-elles être portées contre les militaires? Cette question présuppose une condamnation des événements de la «Révolution» et une mise en procès du régime. Cependant, non seulement le gouvernement est défavorable à une telle mesure, comme on peut l'imaginer, mais il refuse d'y répondre.

Cette question 3 est ainsi exclue de la discussion, non pas parce qu'elle n'est pas envisagée, mais parce qu'elle est voilée lors des échanges publics. Jamais les représentants du gouvernement n'y ont répondu explicitement, sauf dans des cas de pressions immédiates du contexte énonciatif, comme lors d'une entrevue faite avec Petrônio Portella, ministre de la Justice:

> — Há reciprocidade na anistia?
> — Isto é uma expressão que eu me dispenso a qualificar em homenagem a quem pergunta. Reciprocidade de anistia como? Os anistiados estão anístiando também? É essa a pergunta que estão querendo fazer? Eu não entendo. Esse é um problema que não está em jogo, não estão anistiando ninguém e não estão em causa (14).

> —*Y a-t-il réciprocité de l'amnistie?*
> — *Ceci est une expression que je ne qualifierai pas par respect pour celui qui la pose. Comment peut-il y avoir réciprocité d'une amnistie? Les amnistiés pratiquant l'amnistie eux aussi? C'est bien cette question que vous me posez? Je ne comprends pas. Ce n'est pas l'enjeu: ils ne donnent l'amnistie à personne et ne sont pas concernés.*

ou encore celle réalisée avec E. Satyro:

> Anistia não tem nada a ver com tortura. Quem torturou que vá para a cadeia. Se se provar, vai para a cadeia. Acho que a tortura não deve ser caso de anistia (26).

> *L'amnistie n'a rien à voir avec la torture. Celui qui torture va en prison. S'il y a des preuves, il va en prison. À mon avis, la torture ne doit pas être un cas d'amnistie.*

Le gouvernement n'entend pas faire une autocritique. Il distribue des rôles: certains ont le rôle de commettre des fautes et d'autres ont l'autorité pour accorder le pardon. Une des seules fois où il est fait allusion au passé, c'est par le Président lors de son discours annonçant le dépôt du projet de loi:

Certos eventos, melhor silenciá-los, em nome da paz da família brasileira (20).

Il vaut mieux taire certains événements au nom de la paix de la famille brésilienne.

Cette déclaration mise à part, un tel refus d'aborder ouvertement la question du jugement des militaires va de pair avec cette affirmation de pouvoir qui côtoie de façon ambigüe la présentation de l'amnistie comme une concession, et comme devant amener la conciliation. Ce rapprochement est présent dans l'allocution officielle du 27 juin:

A concessão de anistia é, sempre, um ato unilateral de Poder. Pressupõe e enseja o desarmamento dos espíritos (20).

La concession de l'amnistie est toujours un acte unilatéral du pouvoir. Elle suppose le désarmement des esprits.

Malgré son absence dans les discours officiels du gouvernement, la situation politique confirme l'importance de cette question pour les militaires. La remise du pouvoir aux mains des civils devra se faire un jour et le gouvernement, en prévision de ce moment, préfère fixer lui-même les règles de cette passation de pouvoir, et échapper du même coup aux conséquences désastreuses que pourrait avoir un examen minutieux des événements passés[10]. Le projet et le débat en général mené par le gouvernement contiennent des mentions très imprécises de ceux qui ne seront pas amnistiés:

---

10. Le Brésil en serait à la 36e amnistie de son histoire. Avant 1930, c'étaient les autorités constituées en accord avec les lois de l'époque qui amnistiaient les responsables de mouvements de révolte ou d'insurrection, alors qu'après, ce sont les propres usurpateurs du pouvoir qui prennent en charge l'amnistie. Cf. «Para honrar o titulo de anistia», *Jornal do Brasil*, 8 juillet 1979.

A exclusão de alguns só se dará em casos excepcionais, que se justificariam por si só (5).

L'exclusion de certains se fera seulement dans des cas exceptionnels, qui se justifieront par eux-mêmes.

Ce n'est que plus tard que l'appellation «terroristes» sera choisie. Le ministre de la Justice tente de convaincre du danger que représentent ceux «que demonstraram um inconformismo perigoso, extremado» (11) [*qui ont fait preuve d'un non-conformisme dangereux, excessif*].

Mais en général, on ne trouve que peu de mentions des amnistiés sauf en termes juridiques. Contrairement au discours autoritaire où les descriptions de l'ennemi et les adresses au destinataire pouvaient coïncider de façon ambigüe, ces formulations de l'amnistie tentent d'établir en termes strictement descriptifs — et donc avec une distanciation maximale — qui seront les bénéficiaires. Autrement dit, les destinataires du discours ne seront en principe pas concernés par les descriptions en jeu, comme si tout se passait au sujet d'une troisième personne, différente de la première personne (le locuteur) et de la deuxième personne (le destinataire).

Soulignons, cependant, d'autres déclarations qui mettent en œuvre des moyens plus subtils comme les inférences que l'on peut tirer d'un énoncé. Il y a, par exemple, celles qui semblent opérer une sélection parmi les destinataires concernés: «permite uma anistia ampla como a consciência do bom cidadão pedia» [*accorde une amnistie à large portée comme le demandait la conscience du bon citoyen*], affirmation qui suggère son corollaire: le bon citoyen est celui qui ne demandait pas plus que ce que le gouvernement offre. L'image que se donnent d'eux-mêmes les participants et celle qu'ils se font de leur interlocuteur ne se retrouve pas tellement à la surface du discours comme dans ce recours à l'implicite. Nous verrons comment la détermination et la qualification discursive de l'amnistie sont révélatrices de ce sujet.

S'il est vrai que l'année 79 affiche un mouvement en faveur de la libéralisation, le contenu donné à l'amnistie et la structure des discours qui y sont liés montrent bien qu'il reste beaucoup de chemin à parcourir. D'autres événements témoignent de la volonté du gouvernement de diminuer la popularité de l'opposition:

— la réorganisation des partis: en effet, alors que le retour au pluralisme des partis était au début une revendication de l'opposition, il sera utilisé par le gouvernement — selon des modalités particulières — pour contrer l'essoufflement du parti du gouvernement; l'amnistie avait justement pour but de rendre possible l'éclosion de plusieurs partis politiques en permettant le retour au pays de 22 personnalités exilées, dont Leonel Brizola, Luis Carlos Prestes, Miguel Arraes et Francisco Julião;

— l'ajournement des élections municipales de 1980, prévues dès 1979, qui accorde un sursis au gouvernement et lui permet de se renforcer pour les élections, à tous les niveaux sauf présidentiel, de 1982 (Lamounier 1982: 128).

L'amnistie: conquête ou concession?

Le projet d'amnistie de 1979 tel que présenté par le gouvernement illustre bien l'ambiguïté de la prise de position des militaires pendant cette période de détention du pouvoir. Alors que la population surveille et désire que des mesures soient prises pour tempérer et assouplir le régime, le gouvernement semble prêt à mettre à exécution sa promesse d'amnistie. Cependant, les discours en disent long sur les attitudes et l'orientation, sur la portée de l'amnistie: en effet, tout le projet repose sur l'idée que l'amnistie est «concédée».

Un acte, que ce soit l'ordre, la requête, le remerciement, etc. relève du comportement mais il acquiert un caractère particulier lorsqu'il se réalise dans et par le langage[11]. Un

---

11. Voir principalement les travaux de J. L. Austin (1962) et J. R. Searle (1969) sur la théorie des actes de langage.

acte de langage est constitué de règles qui, si elles appartiennent au code social, sont balisées par des conventions linguistiques. L'acte de concession, de par les règles du langage, suppose que l'on reconnaisse à autrui le bien-fondé d'une opinion, d'un droit dont il s'était fait le défenseur ou le requérant. Deux aspects sont donc soulevés, ou sousjacents:

> — *le locuteur propose x ou s'engage à reconnaître que x est vrai*

> — *le locuteur sait que x est conforme aux désirs ou aux opinions du destinataire.*

Dans ce cas de l'amnistie, les discours du gouvernement mettront l'accent sur ce premier aspect, à savoir que l'amnistie est une faveur, un don de la part de ce dernier. Or, un don concédé projette une image des rapports entre les participants: il suppose une position d'autorité de la part de celui qui l'accorde. Le locuteur se met dans la position de celui qui permet, qui autorise l'amnistie. Il est associé aussi à l'idée de générosité car, de par les conventions, on donne de son propre gré. Ce rôle que le locuteur s'attribue comporte des conséquences pour le destinataire qui est placé discursivement dans la position de celui qui est redevable au locuteur de ce don qui lui a été fait. On peut ainsi constater l'emprise du discours qui règle les rapports entre les participants de l'échange.

L'idée de conciliation, de compromis est omniprésente dans la formulation des buts, des enjeux de l'amnistie. Le gouvernement est soucieux de montrer qu'il tente de se rapprocher du destinataire mais pas au point de donner raison à ses opposants. Loin d'avouer des torts éventuels, bref, de modifier sa position, le gouvernement accepte de fermer les yeux sur le point de vue adverse: la condamnation n'est adoucie que par l'absence de mesures punitives. Ainsi le locuteur occupe le rôle de celui qui pardonne, ce qui est encore basé sur une relation d'autorité. Dans la même ligne de pensée, le locuteur s'octroie un rôle enviable, en mettant l'accent sur la valeur:

conciliation = bienfait.

Voilà une autre occasion pour le gouvernement de montrer qu'il sert la nation: il respecte ses désirs, se rend à ses volontés. En retour, il est souligné que par un tel acte prétendu de générosité, la population pourra oublier les événements malheureux des dernières années: le gouvernement se fait le défenseur de la famille, du bon peuple. Les valeurs défendues et qui font référence à la famille ne sont pas nouvelles: elles étaient exploitées dans les discours des militaires de 69.

Une autre association rhétorique que le gouvernement cherche à promouvoir est la suivante:

amnistie = contrôle.

Cette dimension n'est pas évidente, compte tenu de la conjoncture politique. Elle n'est pas formulée explicitement mais ressort des motifs présentés comme étant à l'origine de l'acte d'amnistier. Dans les raisons évoquées pour accorder l'amnistie, les revendications de certains groupes ne figurent pas. Soucieux de montrer qu'il ne cède pas aux contraintes, le gouvernement avance l'argument de l'évolution historique: les temps ont changé depuis 1964 et l'amnistie ferait partie du cours normal des choses. Cette dernière affirmation permet de sauvegarder la cohérence du discours tenu par les partisans de la «Révolution» en rattachant la problématique de l'amnistie au savoir partagé de cette formation discursive. Elle cherche à convaincre que cette concession était prévue depuis le début, et qu'elle n'est pas une manœuvre de sauvegarde dictée par le moment et arrachée par des groupes de l'opposition. Elle vise donc à écarter l'hypothèse qu'il pourrait s'agir d'une victoire de l'opposition. Le gouvernement tente aussi de convaincre qu'il n'avait pas la prétention de rester au pouvoir de façon permanente: bref, la situation d'exception prend fin et cela fait partie de la chronologie normale des événements[12].

L'approche linguistique

Cette étude porte sur les discours et déclarations politiques de juin et juillet 1979, c'est-à-dire durant les mois entourant l'élaboration du projet d'amnistie. Les discours étudiés appartiennent autant au gouvernement qu'à différents milieux d'intervention constituant ce qu'on appelle la société civile. Ils comportent cette particularité d'être courts: en effet, il s'agit le plus souvent d'interventions succinctes rapportées en tout ou en partie par les médias, d'entrevues rapides[13].

---

12. Ce dernier argument est destiné à répondre à ceux qui croient que les militaires désiraient conserver le pouvoir, en usurpateurs. La nécessité de contrer cette objection révèle qu'elle est pertinente et qu'il est important auprès de l'opposition de la réfuter. Ainsi, à travers le discours du gouvernement se profilent, malgré lui, les pressions de l'opposition. Cet aspect sera développé dans la section «Considérations dialogiques».

13. Par contraste avec d'autres événements politiques, comme la mise en vigueur de l'AI-5 par exemple, que les discours venaient expliquer, justifier même; ce n'est pas le cas avec l'amnistie, du moins dans le contexte gouvernemental. Peut-être parce que le gouvernement n'avait pas à défendre le principe auprès de l'opposition? Toujours est-il que les discours élaborés sont rares et que les interventions se remarquent plus par leur mode d'insertion dans le débat selon leur contribution au thème, les réactions qu'elles suscitent et leur évolution. Étant donné cette particularité du corpus, j'ai crû utile d'intégrer aussi certaines déclarations qui, sans être explicitement en discours direct, me paraissaient, par le contexte ou la redondance avec des citations précédentes, proches d'une reproduction des paroles. Pour cette raison, il m'a été possible de produire une sélection des principales interventions qui figurent dans l'annexe.

Si le débat autour de la question de l'amnistie occupe une place importante dans le processus d'ouverture politique, c'est qu'il permet aussi de comprendre, par le biais des configurations discursives, les rapports qu'entretiennent les interlocuteurs. Toute la polémique suscitée par la formulation d'un projet d'amnistie oblige la réalisation d'une étude comparative entre les partis impliqués. Même si dans les faits, la situation est plus complexe, on assiste tout de même à une mobilisation en faveur d'une idée x et qui s'oppose à une idée y. Plus spécifiquement, nous classifierons les antagonismes de la façon suivante: discours de domination, qui est celui du groupe hégémonique qui se veut l'instigateur et le responsable du projet de loi, discours de résistance qui reçoit l'amnistie telle que formulée par le gouvernement et ses représentants. On peut supposer que la position inégale des acteurs au niveau politique se traduira aussi au niveau des discours: du moins peut-on avancer que l'opposition présente un discours critique à l'égard de celui du gouvernement. Ce dernier, en revanche, hésite entre une pratique discursive qui laisse place à une certaine forme de négociation et une pratique discursive de domination.

Comme nous le verrons, la discussion sur le contenu du projet débouche sur un problème plus vaste. L'amnistie est une preuve que le gouvernement est disposé à réévaluer la situation politique brésilienne et à restaurer, du moins en principe, le système démocratique. Non seulement elle constitue une preuve de l'ouverture du régime, mais c'est aussi un pas franchi dans une direction que le gouvernement ne peut plus récuser sous peine de passer pour incohérent, ou de devoir admettre son erreur dans l'évaluation de la situation. Il ne faut pas oublier, en effet, que le changement que suppose l'abandon des mesures d'exception et le retour à la vie constitutionnelle a été justifié, valorisé et, à cause de cela, apparaît quasi-irréversible. Pour ce qui est de l'opposition, c'est le projet politique même du gouvernement, quand ce n'est pas le régime dans son ensemble, dont elle fait le procès; ainsi, à travers ce débat de fond se profilent des enjeux plus larges concernant le rapport de forces entre les partis[14]. L'opposition jouit d'un droit de parole que le gouvernement ne peut remettre en question sous peine de perdre toute crédibilité dans ce projet d'amnistie; elle tentera de mettre en œuvre son pouvoir de mobilisation pour exercer des pressions.

La circulation de la parole et les enjeux discursifs

1979 s'insère dans une période caractérisée par un changement discursif important: l'aspect dialogique commence à se manifester. Cela implique qu'il y ait publiquement des interventions multiples de plusieurs acteurs politiques, soit en leur nom individuel, soit au nom du groupe, de la position idéologique qu'ils représentent, bref, une circulation plus grande de la parole. Mais quelle est la place réelle de ces acteurs dans les discours? Sont-ils reconnus comme énonciateurs? À partir du moment où il figure explicitement dans un discours, un acteur devient un énonciateur: il représente un point de vue, une argumentation qui est prise en considération et à partir de laquelle on se démarque explicitement en manifestant son accord ou son désaccord.

De façon paradoxale, même si l'amnistie constitue une question qui devrait susciter le ralliement, étant donné que les deux partis se disent en faveur, le débat sur l'amnistie sera le lieu d'affrontement du gouvernement et de plusieurs représentants de la société civile, qui se regrouperont. Cette

---

14. Comme en témoigne le jugement critique de l'historien Caio Prado Júnior: «A anistia proposta pelo governo e nada, é a mesma coisa. [...] Juridicamente continuamos no mesmo regime, na mesma concepção, o mesmo poder, o mesmo marasmo.» [*L'amnistie proposée par le gouvernement et rien: c'est la même chose. [...] Juridiquement, nous continuons d'évoluer dans le même régime, dans la même conception, dans le même pouvoir, dans le même marasme.*] *Estado de São Paulo*, 28 juillet 1979.

négociation entre deux forces se manifeste dans les discours par une polarisation du sens des énoncés concernant la présentation et la qualification de l'amnistie. Ainsi, l'affrontement portera sur le contenu anticipé du projet de loi et non sur le fait même d'accorder l'amnistie et sur la légitimité du régime en place.

L'amnistie telle que présentée dans l'ensemble discursif étudié ne reçoit pas tant une caractérisation descriptive qu'évaluative. Ce n'est pas la précision de l'information sur l'amnistie qui est exploitée, mais l'expression d'attitudes, de jugements. Ainsi, on ne peut en interpréter la formulation qu'en la rapportant aux locuteurs qui en sont responsables étant donné qu'elle est révélatrice de leurs attitudes, croyances, position idéologique.

L'évaluation relève de jugements portés par les locuteurs eux-mêmes ou rapportés par ces derniers. Kerbrat-Orecchioni (1980) mentionne les déictiques, les modalisations notamment comme relevant de ces inscriptions de la subjectivité dans le langage. S'inspirant des travaux de Benveniste qui a démontré que certains signifiés n'étaient pas fixés par la simple relation des mots aux «choses» mais qu'ils devaient prendre en considération la situation de discours, un grand nombre de recherches actuelles en pragmatique travaillent sur les marques diverses de la subjectivité.

Plusieurs types d'éléments linguistiques peuvent concourir à construire une valeur sémantique de ce type. Les verbes d'opinion (ex.: *x s'imagine que...*), les substantifs, les adjectifs, les adverbes (ex.: *évidemment*) sont autant de catégories linguistiques susceptibles d'exprimer une évaluation. Nous retiendrons plus particulièrement pour l'étude de nos textes les expressions de détermination et de qualification directement liées au substantif *amnistie*: elles consistent le plus souvent en des adjectifs épithètes, en des relatives qui jouent le même rôle au niveau de la phrase que cette dernière catégorie, en des adjectifs ou substantifs attributs (insérés dans une phrase du type *x est y*). Même si notre analyse sémantico-pragmatique repose sur des critères syntaxiques, elle ne se limite pas à une forme linguistique particulière: ainsi nos considérations sur les catégories de la détermination et de la qualification pourront être complétées en faisant intervenir la catégorie de la modalité, de l'aspect et la personne linguistique, avec lesquelles elles sont en constante interaction (Fisher et Franckel: 84). Ainsi, dans une expression comme «ce n'est pas une véritable amnistie», la fonction sémantique de l'adjectif devient pertinente en autant qu'elle renvoie aux énonciateurs, à leur prise de position idéologique, aux rapports qu'ils entretiennent avec les autres énonciateurs; c'est dans cette optique que nous considérons la pertinence d'une analyse linguistique de cet élément.

Certains termes sont essentiellement évaluatifs et ils possèdent en langue une valeur fortement marquée, qu'elle soit méliorative ou péjorative. On ne pourrait par exemple détourner les termes *bon*, ou encore *électoralisme* d'un jugement respectivement positif et négatif qui leur est associé. D'autres, en revanche, acquièrent une connotation axiologique, pour employer la terminologie de Kerbrat-Orecchioni (1980), en leur associant des propriétés internes de l'énoncé et des informations extralinguistiques. Ces dernières en effet font intervenir des présupposés d'ordre idéologique, culturel, situationnel; c'est ainsi qu'un terme comme *communisme*, selon la position idéologique du locuteur l'utilisant, sera associé à un contenu valorisant ou dévalorisant (Kerbrat-Orecchioni 1980: 76). Parmi les indices appartenant à l'énoncé, cette fois, et responsables d'une valeur évaluative, se trouvent l'intonation — soulignant l'ironie, par exemple —, l'orientation argumentative du cotexte (c'est-à-dire de l'ensemble des énoncés qui précèdent immédiatement), telle qu'elle est révélée par les présupposés linguistiques, le rôle des connecteurs (comme *mais, cependant, à moins que*, etc.). Comme nous le verrons, c'est ce deuxième procédé d'évaluation — celui par lequel les termes ne sont pas intrinsèquement marqués sur le plan axiologique — qui sera le plus exploité dans les textes qui nous occupent.

Les expressions de détermination et de qualification peuvent être étudiées de différents points de vue; nous avons tenté de les faire varier pour en éclairer la compréhension, mais il est bien entendu que certains aspects se révéleront graduellement plus pertinents que d'autres. Parmi les énoncés retenus (voir en annexe), il est frappant de constater que la référence à l'amnistie se fait tour à tour en considérant le concept lui-même, l'événement, ou encore, de façon plus particulière, le projet de loi. L'opposition non-spécifique/spécifique servira à distinguer le renvoi à l'amnistie «quelle qu'elle soit», en tant que principe, du renvoi à la proposition d'amnistie spécifique à un groupe.

Ainsi se feront face des énoncés comme:

[...] *a* anistia é o esquecimento, ou não reconhecimento, do cometido de um crime (1).

[...] *l'amnistie est le pardon ou la non-reconnaissance d'un crime.*

[...] *uma* anistia que interessa mais ao Governo do que a Nação (19).

[...] *une amnistie qui possède plus d'intérêt pour le Gouvernement que pour la Nation.*

La catégorie spécifique ou non-spécifique ne peut être directement associée à la présence sur le plan syntagmatique de l'article défini ou indéfini. On imagine très bien en effet, un énoncé avec emploi spécifique où, au lieu de *uma*, on trouverait un article défini:

[...] *a* anistia defendida por ele será bastante ampla para beneficiar a todos os punidos por motivos ideológicos (17).

[...] *l'amnistie qu'il défend sera suffisamment ample pour bénéficier à tous ceux qui ont été punis pour des motifs idéologiques.*

171

En général, le discours dominant utilise dans les mêmes proportions l'emploi spécifique et l'emploi non-spécifique (ce qui s'expliquera plus loin lorsque nous aborderons l'évolution des discours), tandis que l'opposition se retranche nettement du côté de l'emploi spécifique: son action discursive est toute orientée vers le désir de faire valoir la supériorité de *sa* vision de l'amnistie sur *celle de l'adversaire.*

Un autre point de vue sur l'amnistie nous sera fourni par une abstraction à partir de ses principaux types de formulation de la présentation. La forme prédicative *l'amnistie de D/R est y/y'*, et la forme modalisée *nous voulons une amnistie x/x'* fortement représentée dans notre corpus, nous ont amené à proposer les quatre formes d'énoncés suivants:

I.   *l'amnistie de D est y*

II.   *l'amnistie de R est y'*

III. *D: nous voulons une amnistie x*

IV. *R: nous voulons une amnistie x'*

(où *D* est mis pour *discours dominant* et *R* pour *discours résistant*).

Tableau 1

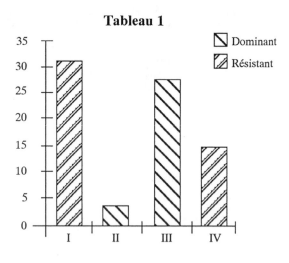

On peut les regrouper par paire: III et IV énoncent une prise de position tandis que I et II évaluent les positions de l'adversaire. Mais, formellement, chaque énoncé ne convient qu'à un énonciateur déterminé: le discours dominant est susceptible d'utiliser II et III, tandis que le discours résistant ne peut s'exprimer qu'à travers I et IV.

Le tableau 1 révèle que le discours dominant favorise plus nettement les énoncés à modalité exprimant les intentions, les souhaits (ceux de la paire III/IV) que ceux décrivant les positions de l'adversaire (ceux de la paire I/II), tandis que la position est inversée, mais dans des proportions moindres, dans le discours résistant. Si on compare cette fois les intervenants, les résultats pour les énoncés I et II illustrent bien à quel point les deux types de discours font usage de procédés différents. *Le discours résistant s'emploie systématiquement à évaluer les propositions de son adversaire et c'est à travers cette critique surtout qu'on peut supposer qu'il fera connaître ses intentions sur l'amnistie.* Ce schéma montre bien dans ses proportions, grossières — car notre but n'est pas de réaliser une analyse lexicométrique —, mais révélatrices tout de même, que nous sommes en présence d'un contexte polémique qui vise à faire valoir des positions différentes par effet de contraste. Cet effet de contraste sera du moins exploité ouvertement par un des énonciateurs, l'opposition, dans des énoncés relevant du type I, comme:

> a do governo é da conciliação, uma anistia que interessa mais ao Governo do que a nação (19).

> *celle du gouvernement en est une de conciliation, par conséquent une amnistie qui intéresse davantage le gouvernement que la nation.*

que nous tenterons de préciser dans les prochaines sections.

Le discours de l'opposition

On peut s'attendre à ce qu'un tel débat sur la question de l'amnistie donne lieu à plusieurs commentaires. C'est précisément au moyen des procédés linguistiques de détermination et de qualification que se réalisent principalement ces commentaires.

La qualification que le discours résistant fait de l'amnistie prend l'allure d'une opposition aux thèses du gouvernement, et se fait au moyen d'un des quatre procédés suivants:

1. formulation caractérisée
2. qualification négative
3. refus sur le plan métalinguistique
4. contestation d'une assertion sous-jacente

Le premier procédé, la «formulation caractérisée», consiste en l'emploi d'une construction, d'un terme que l'on considère généralement comme représentatif de la position d'un énonciateur, par contraste avec toute autre position. C'est le rôle que joue l'expression *uma anistia ampla, geral e irrestrita*: l'opposition y a recours pour exprimer ses volontés et pour établir du même coup un contraste avec celles du gouvernement. Ce rôle et sa forte récurrence dans la période qui nous concerne ne font que renforcer l'attribution de cette expression à un énonciateur particulier, c'est-à-dire à une position idéologique clairement identifiable. Ainsi, toutes les fois qu'elle survient dans un texte, elle renvoie non seulement au discours résistant mais à ses rapports, ici de contestation, avec le discours dominant. On doit noter que la valeur sémantique d'opposition ne survient pas explicitement dans l'expression mais qu'elle se trouve induite du contexte socio-politique, de la conjoncture, bref, de données extralinguistiques.

La contestation du contenu de l'amnistie peut aussi se faire en apportant une qualification négative. Une propriété, une qualité, rappelons-le, n'est pas négative en soi mais acquiert une valeur péjorative en regard d'une certaine norme. Ici la norme est établie à travers le système de valeurs propres au groupe de l'opposition. L'opposition se manifeste principalement par les choix lexicaux; ils doivent être interprétés à partir des connaissances que nous avons des positions idéologiques de l'énonciateur ou encore à partir d'autres discours. C'est ainsi que, dans l'énoncé, la sélection de *partial* doit être interprétée par contraste avec la formulation officielle *anistia ampla, geral, irrestrita*.

> Teremos apenas uma anistia administrativa (2).
>
> *Nous n'aurons qu'une amnistie administrative.*

> [...] retomar a iniciativa por meio da aprovação de um projeto parcial... (3).
>
> [...] *reprendre l'initiative en approuvant un projet partiel...*

Souvent, comme dans l'énoncé ci-dessus, la valeur négative est imposée par une construction qui s'ajoute au choix de l'adjectif pour accentuer la valeur sémantique du commentaire: *apenas* renforce l'idée négative associée au choix de *administrativa* en la complétant par l'idée de restriction.

Mais le procédé d'opposition le plus exploité par le discours résistant et le plus original se fait par une détermination qui équivaut en fait à une remise en question du prédicat «accorder une amnistie». Elle peut se faire par ce type d'énoncé:

> O projeto preparado pelo Governo não é uma verdadeira anistia, pois essa tem de ser ampla, geral e irrestrita (18).
>
> *Le projet préparé par le Gouvernement n'est pas une véritable amnistie, car celle-ci doit être ample, générale et non restreinte.*

175

qui combine le procédé précédent avec un effet de contestation de la dénomination, ou encore par référence métalinguistique directe — c'est-à-dire un renvoi non pas au concept mais l'emploi du code lui-même:

> [...] uma anistia sem adjetivos (33).
>
> [...] *une amnistie sans adjectif.*

Le tableau suivant montre la sélection de constructions métalinguistiques dans chaque type de discours (sans tenir compte de leur récurrence).

Tableau 2

Résistant	*Dominant*
(2)	(1)
(18)	(30)
(22)	
(24)	
(25)	
(33)	
(36)	

Par ailleurs, l'efficacité argumentative d'un tel procédé est indubitable. Elle équivaut à contester le contenu en remettant en question les fondements mêmes de l'objet, de l'acte concerné. Non seulement l'énonciateur défend sa position, mais il rejette celle de son adversaire. Alors que le débat portait sur la qualification y ou y' dans le schéma ci-dessous:

> *nous voulons une amnistie y*
> *nous voulons une amnistie y'*

le locuteur déplace le débat au point de refuser à son adversaire le droit de désigner son projet par le terme *amnistie*;

non seulement la contestation est plus grave, mais elle porte sur un élément qui ne faisait pas partie du débat, étant en quelque sorte présupposé: «le gouvernement propose l'amnistie».

On pourrait aisément établir un parallèle avec les actes de langage: le locuteur peut s'opposer au contenu d'un acte (ex.: «Je ne vois pas pourquoi je fermerais la fenêtre, il fait tellement chaud!»); mais, de façon plus forte, il peut contester le droit même qu'a son interlocuteur de réaliser un tel acte («Tu n'as pas à me donner des ordres»). Ce dernier cas risque beaucoup plus d'affecter les rapports entre les participants.

Finalement, l'opposition peut se manifester par le refus d'une assertion réalisée au niveau implicite:

[...] a anistia não é favor individual. E ato de interesse político (2).

[...] *l'amnistie n'est pas une faveur individuelle. C'est un acte d'intérêt politique.*

La négation, appelée métalinguistique, renvoie en fait à l'assertion sous-jacente «a anistia é favor individual» qui est reconstruite en tant que présupposé et qui fait l'objet d'un désaccord.

Retraçons son lien avec le dialogisme. Le discours de l'opposition se mesure au discours dominant, qui devient son principal point de référence. Linguistiquement, cela se manifeste par l'emploi de la référence spécifique à travers l'utilisation de déterminants comme *essa, a... do governo* accompagnés de compléments déterminatifs ou de relatives qui permettent l'identification. De plus, les assertions portant sur l'amnistie — plus spécifiquement sur le projet d'amnistie du gouvernement — ou s'y référant, comportent des qualificatifs qui servent à construire une évaluation. Or, cette évaluation, comme nous l'avons vu, repose sur l'expression d'une valeur négative. Il est d'ailleurs impressionnant de voir à quel point les déclarations officielles de l'opposition prennent de l'importance sur la scène publique, importance que la quasi totalité des voix tend à renforcer. Même si plusieurs versions d'un *ante-projeto* seront proposées, toutes les tendances rejettent le projet du gouvernement tel qu'il se dessine quelques semaines avant d'être déposé au Congrès. Ce consensus se manifeste aussi au niveau discursif par la récurrence de certaines formulations concernant l'amnistie; ce sont les arguments présentés qui surgissent pour se faire écho, ou encore et surtout certaines formules linguistiques, dont la principale est sans conteste *anistia ampla, geral e irrestrita*. On remarque, en effet, que ces adjectifs se rapportent presque de façon redondante à l'idée de totalité, ce qui engendre une force persuasive. De plus, sa forte récurrence et le fait qu'elle soit toujours employée en conformité avec cet ordre linéaire lui confèrent le statut d'un véritable mot d'ordre. Cette configuration s'adapte bien au caractère global de l'amnistie qui est défendue. Dans l'ensemble, l'opposition présente un discours cohérent dans ses propositions mais aussi très productif du point de vue linguistique: l'uniformité des procédés utilisés, la redondance sont autant d'éléments qui aident à susciter le ralliement.

La seule façon pour l'opposition de faire valoir ses droits et ses revendications, c'est de s'attaquer au projet concret d'amnistie qui lui sera proposé. Aussi le débat sur l'amnistie a une portée beaucoup plus générale, car il permet de faire porter la critique sur:

• *le gouvernement en place; car refuser l'amnistie proposée, c'est s'opposer au gouvernement;*
• *le régime lui-même par une remise en question des règles d'adoption du projet et de ses bénéficiaires.*

En effet, l'opposition dénoncera le projet du gouvernement en lui refusant le nom d'amnistie. Ce rejet vise à faire adopter la conclusion suivante: le gouvernement ne veut pas vraiment accorder l'amnistie, ne tient pas à faire de place, d'espace à l'opposition.

Quant à l'Église, elle arrive à formuler la remise en question du régime sans toutefois s'attaquer directement au gouvernement, d'où l'emploi de l'expression indéfinie *de todos que*:

[...] examine cuidadosamente a questão, que não se resolve só com a concessão da anistia, pois é necessário fazer uma apuração de responsabilidade de todos que cometeram torturas, maus-tratos e assassinatos de presos políticos (33).

[...] *examine soigneusement la question, qui ne se résout pas uniquement en accordant l'amnistie, car il est nécessaire de connaître la responsabilité de tous ceux qui ont pratiqué la torture, les mauvais traitements et l'assassinat de prisonniers politiques.*

Plusieurs fois, cette question a été soulevée dans les discours de l'opposition et revendiquée même auprès du gouvernement. C'est ainsi que Don Ivo Lorscheiter, président du CNBB (Conseil national des évêques brésiliens) fait cette mise en garde:

Queremos que o governo conceda o verdadeiro perdão pois só assim será viável uma pacificação nacional (33).

Nous voulons que le gouvernement accorde le véritable pardon, car c'est seulement ainsi que sera viable la pacification nationale.

On pourrait s'étonner qu'une telle manifestation de l'ouverture du régime, loin d'engendrer des dispositions favorables, contribue plutôt à renforcer l'image populaire du conflit entre les dirigeants et la population[15]. Cela s'explique

---

15. «Quanto mais se caminha no sentido da democracia, tanto mais se definem as identidades políticas e sociais dos que dela participam.» [*Plus on se dirige vers la démocratie, plus se définissent les entités politiques et sociales qui y contribuent.*] Weffort (1985: 97).

de différentes façons. D'abord, dans les périodes les plus répressives, cette image ne saurait se manifester à cause de la circulation restreinte et contrainte de la parole. Elle est refoulée jusqu'au moment où des circonstances favorables lui permettent de faire surface. De plus, la question de l'amnistie est perçue comme un droit qu'il est possible de conquérir par négociation, d'où la nécessité d'émettre des critiques pour obtenir davantage. Cependant, les critiques se manifestent sous une forme prudente et même ambiguë. Si des reproches sont adressés, si on ose ouvertement critiquer le régime, ce n'est pas sous une forme absolue, mais relative et atténuée. L'opposition est prise entre le désir de condamner le régime qui l'a asservie pendant tant d'années et la nécessité de ménager ce gouvernement avec lequel elle est tenue de négocier. Condamner le régime mais préserver le gouvernement, voilà les balises de l'argumentation qu'elle doit se donner, ce qui donne lieu à l'association:

gouvernement d'hier = *contre le peuple.*

Ainsi se trouve préservé le destinataire, celui qui justement est prêt à accorder l'amnistie et qui, de par cette position, se prémunit contre les allégations qui pourraient être faites contre lui: cette position désamorce le discours de l'opposition. Autrement dit, c'est dans une position de force que le gouvernement comparaît devant l'opposition: on peut difficilement le taxer d'autoritaire, sauf par ses actes passés et de plus, étant donné que toute cette discussion a lieu avant que le projet de loi ne soit voté, les dangers de compromettre cet «assouplissement» soulevé par le discours dominant — comme nous le verrons dans la prochaine section — vont créer l'autocensure sur laquelle compte bien le gouvernement. Il est prêt à accorder l'amnistie, mais il s'attend à ce qu'en échange, l'opposition fasse des concessions.

Le discours du gouvernement

Si, comme nous l'avons vu, le discours dominant tient à présenter l'amnistie comme un acte de concession associé aux connotations de conciliation, bienfait, contrôle, l'amnistie doit, en conséquence, figurer au nombre des réalisations du gouvernement: loin d'être bousculé par une conjoncture difficile, il veut être reconnu comme l'initiateur du projet. Jamais il n'est fait mention des revendications passées de l'opposition sur l'amnistie, malgré l'ampleur du mouvement et malgré le fait que l'emploi du terme *concéder*, à lui seul, suppose que des requêtes en ce sens avaient été formulées auparavant. Ainsi, il importe au gouvernement de montrer que cet acte ne lui est pas dicté par l'opposition, mais qu'il constitue le fruit d'une évaluation de la situation. Quels sont les arguments présentés?

— le régime d'*excepção* se voulait temporaire: il n'est donc pas surprenant qu'il cherche à céder du pouvoir;

— l'amnistie est en continuité avec les principes de la «Révolution»;

— le gouvernement entreprend une nouvelle étape: changement rationnel (il ne s'agit pas d'un retour à ce qui prévalait avant 1964, mais d'un autre grand accomplissement de la «Révolution»).

La victoire politique que le gouvernement espère tirer de l'accord de l'amnistie est évidente dans les discours: le gouvernement met l'accent sur le principe même de l'accord de l'amnistie et relègue au niveau technique, purement juridique, la question d'établir qui en seront les bénéficiaires. C'est l'attitude, entre autres, de Nelson Marchezan, leader de l'Arena au Congrès, telle que rapportée par les médias:

> Finalmente, ele comentou que o importante no tocante anistia, foi a decisão do governo em concedê-la e que, no momento ficava secundário a discussão sobre a sua amplitude (*O Globo*, 25 juin 79).

> *Finalement, il précisa que l'important concernant l'amnistie, c'était la décision gouvernementale de l'accorder et que, pour le moment, son extension était secondaire.*

Par ailleurs, en contraste avec l'assurance que semble avoir le gouvernement de se rendre aux volontés de la population, on trouve des présentations du projet lui-même où, cette fois, le discours se défend contre un refus éventuel de la part de l'opposition. En s'intégrant à l'argumentation sous-jacente «accepter l'amnistie, c'est promouvoir l'ouverture», l'amnistie est présentée comme condition non uniquement suffisante mais nécessaire: «il n'y aura d'ouverture que si l'amnistie est acceptée». Une sorte de chantage s'établit, visant à promouvoir l'acceptation par l'opposition du projet d'amnistie du gouvernement. Ceci revient aussi à faire du comportement de l'opposition un élément décisif pour la poursuite de projets de plus grande envergure liés à l'ouverture. La position de pouvoir des militaires se trouve aussi affirmée dans la présentation de l'argument de la conciliation progressive («o caminho para a democracia» [*sur le chemin de la démocratie*]): c'est le gouvernement qui donne, dans la proportion qui l'intéresse et selon le comportement politique de l'opposition, d'où la nécessité, soulignée dans les discours, de mesurer les bonnes intentions, la bonne volonté du bénéficiaire. Ainsi, le gouvernement aussi mise sur des enjeux qui débordent le simple cadre de l'amnistie.

Cet aspect conditionnel se double d'un aspect restrictif qui fait surface dans les jours entourant le dépôt officiel du projet. Les énoncés ont la forme:

> O projeto do governo, *tal como foi enviado ao Congresso*, é o mais apropriado para a época e para as atuais circumtâncias (34).

> *Le projet du gouvernement, tel qu'il a été envoyé au Congrès, est le plus approprié, dans l'époque et les circonstances actuelles.*

La proposition appositive en italiques joue le rôle d'une détermination. Nous verrons dans la prochaine section ce que nous apprend cette valeur restrictive et sa formulation sur les rapports entre les participants.

Considérations dialogiques

On peut s'attendre à ce qu'un ensemble de discours portant sur un sujet aussi controversé que l'amnistie possède un caractère fortement polémique, ce qui coïncide souvent avec la présence d'une structure dialogique; il renvoie alors au discours de l'Autre, et ce dernier est alors affiché, pris comme point de référence ou encore comme caution. Or, si cela se vérifie auprès du discours résistant, l'aspect dialogique est fort peu appuyé dans le discours dominant. Ce dernier possède des formes complexes: d'une part, une structure monologique par laquelle le locuteur se présente comme l'énonciateur unique, sans source extérieure légitimant sa propre argumentation; d'autre part, dans certains énoncés, une structure dialogique aux contours flous par son caractère implicite.

Le discours résistant possède cette caractéristique d'exercer le rôle d'évaluation du discours dominant. Du point de vue discursif, il fait valoir ses propositions à partir de celles émises par le discours dominant. La forte référence à d'autres discours n'est donc pas très surprenante, cependant elle privilégie nettement la référence explicite au discours dominant sur toutes les autres, y compris aux discours qui auraient pu être prononcés par d'autres membres de l'opposition. Ainsi, on serait tenté de conclure à la subordination de ce discours envers le discours dominant, mais la prise en considération de l'organisation même du discours et de sa structure nous révèle l'exploitation de procédés qui, cette fois, le particularisent.

Nous avons vu l'importance du mot d'ordre «anistia ampla, geral e irrestrita» dans l'ensemble des textes. Il servira à établir la cohérence dans son argumentation: on remarque, en effet, que les contestations de l'opposition visent à confronter les propositions du gouvernement avec ses revendications, qui trouvent succinctement mais efficacement leur expression dans ce slogan. L'opposition présente l'option du gouvernement à travers son propre discours, masquant d'abord le conflit:

> O projeto de lei do governo federal concede por seu texto, *ampla, geral, irrestrita* e antecipado *anistia* aos seus agentes, aos agentes do governo, aos agentes da repressão que tenham praticado crime no processo da repressão (26).

> *Le projet de loi du gouvernement fédéral concède et anticipe, par sa formulation, l'amnistie ample, générale et non restreinte à ses agents, aux agents du gouvernement, aux agents de la répression qui ont commis des crimes dans le processus de répression.*

en amorçant ainsi son discours par des termes lui étant associés, l'opposition donne l'impression d'évaluer positivement le discours dominant, impression qui se dissipera dès qu'elle fera connaître les bénéficiaires *aos seus agentes...*: cette dernière partie de l'énoncé qui ne saurait être compatible avec le discours résistant condamne la proposition du gouvernement par contraste.

Le discours adverse peut aussi être intégré sous forme de négation polémique; ainsi derrière l'énoncé:

> [...] a anistia não é favor individual (2).

> [...] *l'amnistie n'est pas une faveur individuelle.*

se profile le discours dominant «a anistia é favor individual». En accord avec ce procédé, on ne renvoie pas aux paroles même utilisées par le discours dominant, mais plutôt à un contenu qui lui est attribué et qui est réinterprété par l'opposition. L'effet est maximisé lorsque cette formulation comporte un aspect négatif qui la rend d'emblée inacceptable: ainsi au terme *perdão* on substitue *favor individual* qui disqualifie du même coup les thèses du gouvernement.

L'utilisation d'un terme de façon autonymique, c'est-à-dire en faisant mention du code, constitue une autre marque de la relation qui est établie entre les discours[16]:

> O que o Governo está propondo, com o nome de anistia, tem antes o espírito de um indulto coletivo que o de uma verdadeira anistia (36).

> *Ce que le Gouvernement propose, sous le nom d'amnistie, constitue davantage un pardon collectif qu'une véritable amnistie.*

Cette fois, la référence est explicite et ce procédé est très apparenté à la citation.

Ce procédé de contestation du contenu de l'amnistie par référence métalinguistique (ou plus généralement, méta-discursive) a une forte incidence du point de vue dialogique. Il effectue un renvoi, non pas uniquement au plan du contenu mais au plan de la forme et remet en question l'énonciation même. L'opposition décrit et évalue négativement le discours dominant en qualifiant le projet du gouvernement:

> [...] uma anistia sem adjetivos.

> *[...] une amnistie sans adjectif.*

---

16. J. Rey-Debove réserve le terme *autonymique* aux mots métalinguistiques qui appartiennent «au discours sur le discours» (1978: 140). Le terme «métalinguistique», au sens large (Berrendonner: 135), englobe des phénomènes aussi divers que «[...] des mots référant à des actes (locutoires), des actes locutoires accomplis sur des mots, des mots référant à des actes accomplis sur des mots, des actes accomplis sur des mots référant à des actes (locutoires)».

L'utilisation d'adjectifs que l'on attribue au gouvernement dans la formulation de l'amnistie est interprétée comme
ayant une valeur restrictive, ce qui se trouve confirmé dans
l'association sémantique suivante:

[...] a anistia tem de vir sem qualificativos, inteira.

[...] l'amnistie doit venir sans qualificatif, être totale.

Il est intéressant de constater que ce procédé opère de
façon paradoxale, puisqu'il utilise des formes adjectivales
sem qualificativos et *inteira* alors que c'est cela même qu'il
conteste. Ce qui est visé, c'est avant tout de convaincre
qu'une connotation restrictive est associée dans le discours
dominant à l'adjectif. Ainsi, toutes ces qualifications manifestent les deux pôles de la référence dialogique mentionnée
plus haut:
L'amnistie doit être entière...

A   ce que le gouvernement propose est une amnistie par-
     tielle

B   ce que nous voulons, c'est une amnistie «ampla, geral
     e irrestrita»

Le plus souvent, un contenu implicite se trouve appuyé
et confirmé plus loin dans le texte par des assertions, explicites cette fois: c'est le cas du discours résistant, où un énoncé, comme celui ci-dessus, construit une inférence du type
A, mais où le cotexte (l'environnement linguistique) identifie
clairement l'auteur de la proposition en question. Donc
l'identification du discours adverse se fait explicitement dans
le discours résistant, si on dépasse l'énoncé pour s'attarder
au texte dans son ensemble. Voilà toute la différence avec
le discours dominant où l'implicite de l'énoncé ne trouve pas
de contrepartie explicite dans le texte, comme nous le verrons
plus loin.

En effet, le discours dominant n'affiche à peu près aucun dialogisme explicite, c'est-à-dire qu'il ne fait pas — à part quelques exceptions que nous préciserons — référence au discours de l'Autre, de l'adversaire. Lorsqu'il y a discours rapporté — donc des marques explicites de dialogisme —, c'est qu'un locuteur fait référence à un discours passé dont il est responsable ou qu'un membre du gouvernement a tenu. Autrement dit, ces références, que l'on pourrait appeler des «auto-références», ne puisent pas à l'extérieur du discours dominant[17]. Ce dernier s'en tient à la présentation officielle de l'amnistie qui, comme nous l'avons vu, insiste sur l'aspect «concession», «pardon»; il se construit isolément, du moins en apparence, et ne prend pas l'allure d'un débat véritable, sauf dans certaines allocutions où il devient une réponse au discours résistant. En effet, dans certaines circonstances (après des commentaires importants de l'opposition) et dans certains genres de discours (l'entrevue par exemple), le discours dominant est forcé de jouer sur la défensive. Il comporte alors plusieurs caractéristiques de la réponse, c'est-à-dire d'un énoncé qui se construit en reprenant ou par référence à l'énoncé précédent. Voici quelques exemples: il s'agit d'assertions à base de qualificatifs qui renvoient à une caractérisation idéologique marquée sans être explicite, mais qui se font l'écho des revendications de l'opposition sur l'ampleur qui devrait être donnée à l'amnistie:

A anistia defendida por ele será bastante *ampla* para [...] mas bastante *restrita* porque, na sua opinião os terroristas... (17).

L'amnistie qu'il défend, sera suffisamment large pour... mais assez restreinte parce que, à son avis, les terroristes...

A anistia que pretendo propor será suficientemente *ampla* (19'').

---

17. Voir énoncés (1) et (32) en annexe.

L'amnistie que j'ai l'intention de proposer sera suffisamment large.

[...] é o mais *amplo* possível... (22).

[...] *est le plus large possible...*

Le gouvernement répond ainsi aux demandes qui ont été faites pour une amnistie *ampla, geral e irrestrita* sans mentionner jamais les auteurs de cette requête. On trouve même une énumération de trois qualificatifs qui ne va pas sans rappeler la formulation adoptée par l'opposition:

[...] será um projeto suscinto, objetivo e simples (11).

[...] *sera un projet succinct, objectif et simple.*

Notons que, tout en présentant une description restrictive de son projet, le gouvernement est soucieux de faire apparaître l'aspect positif et de le qualifier de *ample*. Ce procédé qui fait l'économie de toute référence au discours de l'adversaire, lui permet de répondre aux objections sans en identifier la source, sans même mentionner qu'elles aient réellement été formulées, diminuant ainsi l'importance du discours du groupe adverse.

Certaines circonstances obligent le gouvernement à faire référence, mais toujours implicitement, au discours de l'opposition. Le plus frappant est celui d'une entrevue réalisée avec le Président lui-même, dont voici un extrait:

— O Sr aceitará emendas de peso que ampliem o quadro dos beneficiados pela anistia?
— Depende do que você chama de emenda de peso.

— Emendas que tornem a anistia bem mais ampla?
— Depende do que você chama bem mais ampla. [...]

— Então a anistia irrestrita não virá?
— O que é que vocês chamam de irrestrita? Se beneficiar os que cometeram crimes comuns, eu não aceito (31).

> *— Accepterez-vous des amendements importants visant à augmenter le nombre de bénéficiaires de l'amnistie?*
> *— Tout dépend de ce que vous appelez des amendements importants.*
>
> *—Des amendements qui feraient que l'amnistie serait beaucoup plus large?*
> *—Tout dépend de ce que vous appelez beaucoup plus large.*
>
> *—Alors il n'est pas question d'une amnistie non restreinte?*
> *— Qu'appelez-vous non restreinte? Si cela signifie reconnaître comme bénéficiaires ceux qui ont commis des crimes communs, je refuse.*

Le Président se voit obligé de formuler sa réponse à partir des termes *ampla, irrestrita*; cependant, il réussit en partie à éviter la contrainte en remettant en question le sens de ces termes. Bref, il refuse de reconnaître l'utilisation qui en a été faite par le discours résistant. Notons aussi la présence du pronom *você* par lequel il attribue la responsabilité des paroles non pas à un groupe politique défini, mais au journaliste menant l'entrevue: il esquive la référence au discours résistant, au début du moins de l'extrait, puisqu'il y a ensuite un glissement vers le pluriel *vocês*.

Le contraste est grand entre la présentation officielle de l'amnistie et la présentation comme «réponse» implicite aux revendications de l'opposition, ce qui nous incite à croire que le dialogisme dans ce dernier est «accidentel», comme arraché par les événements. D'autres indices appuient cette hypothèse: le fait qu'il survient dans des entrevues, par exemple, où le locuteur est obligé de répondre aux questions (et qu'il n'a pas le choix de la formulation de ces dernières), et qu'il revête un caractère non explicite. Devant ce peu d'importance accordé discursivement à l'opposition, on peut toujours alléguer que le gouvernement, malgré sa bonne volonté, n'a pas l'habitude des débats ou encore que l'allure que prend cette négociation ne faisait pas partie de son projet initial. Il n'en reste pas moins qu'un contraste très grand s'établit au sein du discours dominant entre, d'une part, les procédés utilisés pour la présentation officielle et d'autre part, la présentation comme «réponse»:

présentation officielle: principalement monologique
présentation «réponse»: dialogique à caractère implicite

et d'autre part entre les deux discours en présence, le discours résistant pouvant se caractériser par:

présentation: dialogique à caractère principalement explicite.

Le discours dominant n'engage en aucun moment la négociation, c'est-à-dire un dialogue réel avec les partisans de l'amnistie «entière». Si la libéralisation est attestée dans les faits par la circulation plus grande et plus libre des discours de provenance variée, la structure même des textes montre qu'elle commence tout juste, en 1979, à laisser sa trace dans la pratique discursive sur un sujet qui, en principe, s'y prêtait pourtant.

Conclusion

On ne peut s'empêcher de remarquer la circulation importante de discours sur la question de l'amnistie et la variété des interlocuteurs intervenant publiquement. Cette expression de l'opposition, le fait même qu'elle soit admise par le régime, est la preuve d'une plus grande ouverture en cette période par contraste avec 1969, par exemple, où le gouvernement se réservait l'exclusivité de la parole.

Cependant, le gouvernement est loin de reconnaître totalement la participation politique de l'opposition. On pourrait évoquer le contenu restrictif de l'amnistie pour en témoigner; sa coïncidence avec la réforme des partis vise en fait à désorganiser l'opposition et à gagner du temps avant les prochaines élections reportées en 1982. Nous nous en tiendrons plutôt aux arguments liés à la structure du discours. On ne saurait dire que le gouvernement entre en négociation véritable avec l'opposition et que l'échange comporte les propriétés d'un dialogue entre deux ou plusieurs locuteurs. Malgré la tentative du gouvernement de présenter l'aspect positif de l'amnistie, l'emploi de formes restrictives trahissent les limites imposées à la formulation du projet. La résistance du gouvernement, non pas seulement à se rendre aux propositions de l'opposition, mais à accepter cette dernière comme interlocuteur, transparaît tout au long du débat.

Les discours se distinguent au niveau dialogique: si l'opposition fait explicitement référence au gouvernement, ce n'est pas le cas pour ce dernier. Cette absence de dialogisme explicite se reconnaît à la position inégale, de domination qu'assume le gouvernement en se montrant l'initiateur du projet, en niant toute présence de l'opposition et, encore davantage toutes les critiques émises par cette dernière face à son projet. Une telle configuration du discours témoigne des contradictions du gouvernement qui se manifesteront durant la transition: il prône la participation des acteurs politiques quels qu'ils soient, mais ne leur fait pas de place réelle, même discursivement. Il ne faut pas confondre expression et participation: cette dernière est refusée à l'opposition dans l'élaboration du projet d'amnistie.

Malgré tout, dans son discours, le gouvernement ne réussit pas à maintenir tout au long du débat la distance visée avec le discours de l'opposition. Une opposition unie avec une position discursive bien caractéristique affronte le gouvernement. Rappelons les propriétés du discours résistant, car elles permettent d'en comprendre l'efficacité rhétorique. L'emploi prédominant d'une référence spécifique comme le démontrent les déterminants, les qualificatifs (y compris les propositions relatives) rend compte du fait que l'opposition se sert du discours dominant comme point de référence; l'opposition fait valoir son désir d'amnistie par *contraste* avec celui émis par le gouvernement. Elle rejette le projet du gouvernement en l'associant à la négation de son idéal, et plus efficacement encore, par référence métadiscursive, en lui refusant l'appellation de *amnistie*. Malgré la tentative du gouvernement de présenter l'aspect positif de l'amnistie, l'emploi de formes restrictives trahissent les limites imposées à la formulation du projet.

C'est au niveau implicite que transparaîtra le discours de l'opposition dans le discours dominant, malgré la résistance de ce dernier: la description que le gouvernement donne de son projet d'amnistie est alors traduite dans les termes utilisés par l'opposition (ex.: «será ampla mas não será irrestrita»). Elle conquiert au moins au niveau implicite son rôle d'interlocuteur. La «dépendance» du discours du gouvernement qui s'affiche ainsi démontre l'obligation désormais pour le gouvernement d'admettre la participation d'acteurs politiques extérieurs; il n'est plus en position d'assumer le contrôle exclusif de la parole, comme en témoignent la force du discours résistant qui réussit à imposer sa formulation ainsi que l'espace conquis par la circulation très grande des discours.

Chapitre V

La campagne pour les élections directes de 1984 vue à travers ses discours

1984 représente une année marquante pour le Brésil: celle de la fin du régime militaire en vigueur depuis 1964. La campagne pour les élections directes, liée au vote sur l'amendement Dante de Oliveira, a été l'événement déterminant, le point tournant de ce changement. En fait, ce n'est pas tant la campagne elle-même qui retient habituellement l'attention comme les effets qu'elle a entraînés. On a cependant reconnu qu'il s'agissait d'un phénomène de mobilisation des masses encore jamais observé au Brésil. Près de quatre millions de personnes auraient défilé dans les rues pendant les derniers mois précédant le vote de l'amendement Dante de Oliveira. Accompagnant cette mobilisation, les discours sont déterminants en tant que moyens d'action et de persuasion: l'étude de leur évolution au cours de la campagne, et particulièrement à l'approche du vote sur l'amendement, devrait nous permettre de comprendre comment se manifestaient dans le discours dominant les pressions venues de divers horizons, et quels étaient leurs effets.

Pour ce faire, nous avons retracé précisément et

systématiquement les discours émis tant par le gouvernement que par la société civile dans les deux mois qui ont précédé le vote du Congrès sur l'amendement. Comme les discours ne sont pas que l'expression sur la scène publique de croyances élaborées individuellement mais qu'ils procèdent plutôt par construction du sens à partir des autres discours, nous mettrons l'accent sur l'interaction discursive durant la campagne des élections directes. Le bouleversement politique de cette époque s'est élaboré discursivement au fil des événements: il est donc essentiel de retracer les moyens discursifs mis en œuvre durant cette campagne et leur évolution, les particularités des discours de chacun des principaux acteurs politiques et de quelle manière ils entrent en interaction.

Points de vue divergents sur l'ordre du jour

La période qui nous intéresse est marquée par la préparation de la succession présidentielle en vue d'élections prévues pour le 15 janvier 1985. Ces changements de chef au sein du gouvernement militaire ont toujours fait l'objet de tensions et de rivalités au cours de l'histoire brésilienne depuis 1964[1]. Cependant, comme nous le verrons, la succes-

---

1. Prenons par exemple le cas de l'arrivée au pouvoir de Ernesto Geisel en 1974, et toute l'agitation qui l'a précédée. Les castellistes menaient une campagne pour la succession qui leur redonnerait du pouvoir. E. Geisel en était le candidat, défendu principalement par le général Golbery; mais il n'était pas le candidat de Medici, le Président en place, qui voyait dans une élection remportée par les castellistes un relâchement du pouvoir révolutionnaire. Dès 1972, les enjeux se dessinent et les spéculations commencent tandis que Medici tente péniblement d'imposer sa doctrine politique en prévision de sa succession. Mais craignant que cette agitation ne vienne troubler le rendement du gouvernement, il interdit, en mars 1972, toute discussion publique sur la succession avant le milieu de 1973 (voir T. E. Skidmore 1988: 149-151). Il craignait par-dessus tout les divisions qui pouvaient se manifester au sein des militaires, comme cela s'était produit pour la succession de Costa e Silva en 1969 et, antérieurement, pour Castello Branco en 1965-66.

sion de João B. Figueiredo suivra un cours particulier et le débat dépassera largement le simple choix d'un nouveau président.

Ces événements prendront une importance primordiale non seulement pour le gouvernement qui est directement en cause mais aussi pour l'opposition. Pour la première fois depuis plusieurs années, son rôle ne sera pas négligeable dans le choix d'un successeur. Toutefois, la succession présidentielle sera abordée bien différemment par les deux groupes: alors que l'opposition mettra l'accent sur l'amendement Dante de Oliveira afin qu'il influence la succession présidentielle, le gouvernement tentera plutôt de séparer les deux événements — la succession présidentielle et l'amendement Dante de Oliveira — sauf à partir de la mi-avril où il n'arrive plus à maintenir cette position.

Le discours du gouvernement tendait à faire porter le débat sur le choix du candidat, prenant pour acquit le cadre juridique des élections indirectes, comme l'illustre le schéma 1 ci-dessous.

Schéma 1

proposition implicite
dans le cadre des élections indirectes

proposition explicite
choix d'un candidat x

Dans les discours, on confère à ce cadre un caractère implicite, en l'excluant du sujet direct de la discussion. On comprendra que si le Président, dans ses discours, réitère souvent ce cadre afin d'en rappeler la légitimité, il n'en fait pas le centre de discussion: cela pourrait inciter certains locuteurs à le remettre en cause. Cette particularité appartient au fonctionnement du discours et elle est utilisée par les locuteurs avertis, surtout ceux de la scène politique, qui connaissent les conséquences, les effets des choix discursifs qu'ils pratiquent.

Mais l'opposition tient tête à ses adversaires en remettant en question le bien-fondé de la proposition implicite du discours du gouvernement à travers la lutte pour l'adoption de l'amendement Dante de Oliveira. Cet amendement constitutionnel, proposé en mars 1983 par Dante de Oliveira, un jeune député du PMDB (le Parti du Mouvement démocratique brésilien) prévoit la restauration des élections directes pour le choix du successeur du Président Figueiredo. De plus, si l'amendement était accepté lors de son vote prévu pour le 25 avril, le mandat présidentiel serait désormais réduit à quatre ans. Étant donné les pressions exercées sur le gouvernement, le sujet de l'amendement prend de l'ampleur et gagnera tous les milieux, amenant avec lui la discussion sur le cadre juridique. Les discours de mars attestent le fait que de plus en plus, le choix des élections directes ou indirectes devient le sujet du débat — et donc fait surface explicitement.

Remise en question du régime

L'amendement Dante de Oliveira fait beaucoup plus qu'ajouter une contribution à la succession présidentielle: il propose d'en changer les règles. Vouloir les élections directes, c'est rejeter le mode de sélection indirecte mais aussi l'institution qui en est responsable, à savoir le Collège électoral. Or, ce dernier est un des appareils principaux du régime militaire en vigueur depuis 1964. On voit donc la puissance juridique d'un tel amendement, mais elle serait stérile s'il ne recevait pas l'appui de groupes importants. C'est ce qu'a compris l'opposition qui a endossé et soutenu l'amendement.

Plus d'un an s'écoule entre le dépôt de l'amendement (23 mars 1983) et le vote (prévu au début pour le 11 avril puis reporté au 25 avril 1984), ce qui donne donc le temps à plusieurs groupes de se manifester et à d'autres, de nuancer leur position.

L'Église, qui dès avril 83 endosse l'amendement, aura un rôle important à jouer; il en est de même des syndicats qui, en la personne de Lula, ne manquent pas de se manifester aux côtés des membres importants du patronat[2].

Les avocats qui ont toujours été attentifs aux débats juridiques des dernières années font des pressions auprès d'autres groupes de professions libérales, des intellectuels, et même des artistes[3]. En effet, des rassemblements populaires seront organisés comme moyen de pression en faveur de l'amendement dès novembre 1983. Si ce premier rassemblement à Curitiba n'emportera pas le succès escompté, les nombreux autres qui lui succéderont en janvier 1984 auront un succès hors de toute attente, ce qui consacrera le vote de l'amendement Dante de Oliveira comme l'événement catalyseur des revendications de la population dans tous les domaines. Les grands rassemblements de 1984 recevront la contribution remarquée de plusieurs artistes brésiliens importants comme Fafá da Belem, Chico Buarque de Hollanda, et d'un commentateur sportif, Ormar Santos, qui ne sera pas étranger aux allures de Coupe du Monde qu'on a attribuées à ces rassemblements gigantesques.

La participation très large de plusieurs groupes *ad hoc* et la mobilisation populaire sans précédent sont sûrement des traits marquants de cette campagne. Notons l'action du Front municipal national pour les élections directes et l'Assemblée «constituante», avec comme coordonnateur, Orestes Quércia, le vice-gouverneur de São Paulo, et le Comité national pour les élections directes (Comité Nacional Suprapartidário Pró-Eleição Direta). Le thème premier, qui était le vote en faveur de l'amendement, a vite été dépassé, élargi par des critiques

---

2. Il s'agit du Cardinal Arns et Dom Ivo Lorscheiter, secrétaire général du CNBB, le Conseil national des évêques du Brésil. Voir T. E. Skidmore (1988: 241).

3. Voir leur contribution dans le débat sur l'amnistie en 1979, par exemple.

visant le régime militaire et, plus particulièrement, le gouvernement en place. Ce n'est plus seulement la préparation d'un événement, la succession, qui prévalut, mais le jugement sur vingt ans de régime militaire et autoritaire.

C'est ainsi que le 31 mars, Tancredo Neves dénonce le Collège électoral en remettant en question sa légitimité:

> [...] está superado, sem qualquer legitimidade e representatividade (*O Globo*, 1er avril 1984).

> [...] *il est dépassé et ne possède aucune légitimité ou représentativité*

Les réactions ne se feront pas attendre comme, par exemple, celle du porte-parole de la Présidence, Carlos Atila, qui, à la veille de l'application des mesures d'urgence, soutient que les membres de l'opposition «estão empregando um linguajar inadequado nas suas críticas e não cabe radicalizar» (*Jornal do Brasil*, 7 avril 1984). [*emploient un langage inacceptable dans leurs critiques et il ne convient pas de radicaliser.*]

Plusieurs politiciens, d'après ce que rapportent les journaux, se réjouissent de la pression exercée sur les parlementaires au cours de cette campagne pour les élections directes, comme remède à la léthargie du gouvernement[4]. Les critiques qui lui sont adressées sont nombreuses et directes, cette fois: si auparavant on manifestait son désaccord face au régime tout en ménageant le gouvernement en place, ce n'est plus le cas.

---

4. Les journaux rapportent des critiques violentes adressées au gouvernement par les propres membres du PDS, les «pro-directes»: «O movimento pela volta das eleições diretas e denúncias de casos de irregularidades e corrupção no governo foram os principais temas abordados por parlamentares na sessão de ontem na Câmara.» *Jornal de Brasília*, 8 mars. [*Les principaux thèmes abordés par les parlementaires à la Chambre, hier, furent le mouvement pour le retour des élections directes et les dénonciations d'irrégularités et de corruption au sein du gouvernement.*]

La dimension électorale de l'Amendement

Le débat sur les élections directes gagne même le niveau parlementaire, et désormais succession présidentielle et prise de position sur les élections directes ne sont plus qu'un seul et même débat.

Parmi les candidats à la présidence, on retrouve trois principaux membres du PDS (Parti démocratique social):

> Aureliano Chaves, vice-président de Figueiredo, originaire de Minas Gerais où il perd graduellement sa base politique au profit de Tancredo Neves;

> Mario Andreazza, ministre de l'Intérieur, ayant eu des responsabilités ministérielles au cours des trois derniers gouvernements militaires;

> Paulo Maluf, ex-maire de São Paulo en 1969, dont le conservatisme était perçu par l'opposition et certains PDS comme une menace pour l'ouverture.

On trouve aussi Marco Maciel, sénateur depuis 1982 et qui s'est manifesté en faveur de la redémocratisation. On pourrait s'étendre longtemps sur les rumeurs de la succession présidentielle, les motifs des candidats pour se présenter, etc. Nous ne faisons ici que retracer les principaux points dans la mesure où ils constituent le contexte social et politique des discours et règlent la possibilité même de ces derniers de se constituer. Ce qui est important pour les enchaînements discursifs de cette période, c'est l'intersection indéniable qui se produit entre la succession présidentielle et l'amendement Dante de Oliveira; elle surgit de façon explicite principalement à la suite d'une rencontre entre les chefs de parti. Le schéma 2 présente les différentes options qui se manifestent face aux élections directes et les candidatures pour la succession présidentielle qui leur correspondent.

Schéma 2

Pró-negociação: en faveur d'une entente négociée

candidature de Aureliano Chaves (appuyé par le ministre Leitão de Abreu)

Pró-indiretas sempre: pour les indirectes de façon inconditionnelle

candidature de Paulo Maluf (appuyé par ministre Abi-Ackel)

Pró-indiretas agora: pour les indirectes aux prochaines élections; refus de l'amendement Dante de Oliveira; négociation avec l'opposition après le vote

candidature de Mario Andreazza (appuyé par le sénateur José Sarney)

Les discours même traduisent l'enchevêtrement des deux questions, que le gouvernement, on se le rappelle, tenait à maintenir séparées.

Le PDS ne se présente plus avec une voix unique. Sans aller jusqu'à critiquer le Président Figueiredo et le gouvernement, des orientations différentes portant sur des questions fondamentales, puisqu'elles remettent en cause l'avenir du gouvernement militaire, surgissent dans les milieux politiques gouvernementaux.

On n'a qu'à se souvenir de la controverse suscitée par la proposition de Nelson Marchezan. Ce dernier réitère une proposition qu'il a faite au début février visant au rétablissement des élections directes en 1988 par la voie d'un amendement constitutionnel qui serait présenté au Congrès, de préférence avant le vote pour l'amendement Dante de Oliveira. Il devra se défendre devant les allégations de Abi-Ackel, ministre de la Justice:

Não acho que minha proposta facilite o jogo da oposição. Ao contrário, ela visa a permitir que o governo tome uma posição na frente e não fique a reboque do processo (8 mars).

Je ne trouve pas que ma proposition facilite le jeu de l'opposition. Au contraire, elle aide le gouvernement à prendre une position de front sans se laisser devancer par les événements.

Différentes factions se manifestent, correspondant aux orientations diverses face au rétablissement des élections directes et le 13 mars aura lieu la rencontre *dos indiretos*, selon le nom qu'ils se donnent pour contrecarrer l'offensive de leurs collègues PDS constitués en *groupes pro-directes*.

Les idées opposées ne sont plus uniquement présentées par ceux qu'on appelait les «ennemis» en période fortement répressive, mais par les propres membres du gouvernement et elles peuvent maintenant être formulées dans un discours qui rejoint le discours des dirigeants. Lorsque le vice-président, Aureliano Chaves, lui-même se prononce en faveur de l'amendement Dante de Oliveira, il le fait en utilisant un argument («la tranquillité du pays») qui avait déjà été utilisé par Figueiredo mais pour des conclusions opposées. On voit donc que les positions différentes sur les élections directes ne sont pas tenues à partir de discours totalement distanciés, mais plutôt qu'ils s'entrecroisent:

[...] as eleições diretas são fundamentais para a tranquilidade do país, e é através delas que compleraremos mais rápido o período de transição (*Jornal do Brasil*, 7 mars).

[...] les élections directes sont essentielles pour la tranquillité nationale, et c'est par elles que s'accomplira de façon plus rapide la période de transition.

Cette pluralité de voix qui émergent constitue un changement radical sur les périodes antérieures, non seulement au sein de l'opposition mais au sein du gouvernement, changement qui laissera parfois transparaître la discordance dans des discours autrefois si bien orchestrés.

Indécisions, confusions ou contradictions?

On ne peut étudier l'ensemble discursif émanant des milieux gouvernementaux sans remarquer les chevauchements de discours et même les contradictions qui apparaissent parfois. Ces dernières ne peuvent être attribuables à une information sensationnaliste et parfois déformante des médias et de ses effets, puisque les discours sont retransmis par plusieurs sources et aussi parce que le matériel étudié porte presque exclusivement sur du discours direct et non indirect.

Les dissensions entre les membres du PDS produisent un malaise au sein du gouvernement. L'absence de consensus lors de la présentation de la proposition de Marchezan complique la position du gouvernement et son image publique. Cette proposition est considérée comme émanant du groupe parlementaire lié au ministre de l'Intérieur Mario Andreazza, que d'autres associent au ministre Leitão de Abreu et à la candidature de Aureliano Chaves[5].

Le ministre de la Justice Ibrahim Abi-Ackel, dont les divergences d'opinion avec Leitão de Abreu sont bien connues, affiche son désaccord face à la proposition de Marchezan. Ce qui est frappant dans cette discussion, c'est une absence de consensus alarmante au sein du PDS, mais aussi des opinions qui se forgent chaque fois en présumant de la position du Président et du gouvernement. C'est ainsi que dans le *Correio Brasiliense*, C. Atila dément qu'une date ait été fixée pour la prise de position du gouvernement, contrairement aux déclarations de Marchezan à ce sujet:

---

5. Voir *Correio Brasiliense*, 2 mars 1984, et *Jornal de Brasília*, 8 mars 1984.

[...] deve ser mais uma idéia do senador que propriamente uma decisão do Governo. Disse-me o ministro Leitão que se limitou a ouvir o senador Chiarelli (2 mars).

[...] cela doit être une idée du sénateur plus qu'une décision du gouvernement. Le ministre Leitão m'a dit qu'il avait simplement entendu le sénateur Chiarelli.

Marchezan laisse entendre que le Président est chaque fois «plus intéressé» à examiner sa proposition, tandis que Abi-Ackel prévoit son rejet ferme. L'absence d'intervention officielle de la part du Président contribue grandement à créer un climat d'insécurité au sein des membres du parti du gouvernement. Plusieurs, dont Marchezan, Carlos Atila, Leitão de Abreu, dans des déclarations publiques, affirment qu'aucune décision définitive n'a encore été prise mais laissent clairement entendre qu'elle serait souhaitable:

O Governo vai ter que tomar ume posição com relação às eleições diretas brevemente.

Le Gouvernement devra sous peu prendre une décision concernant la tenue d'élections directes.

Ce va-et-vient entre les déclarations et les prévisions des parlementaires se traduit dans les médias par la difficulté d'obtenir des informations précises sur la position adoptée par le Planalto et a pour effet de mettre l'accent sur les discussions au sein du PDS. On trouve même le 8 mars une déclaration d'un député du PDS pro-directes, França Teixeira, qui justifie son option en s'appuyant sur celle de Figueiredo:

Defendo, como o meu líder João Figueiredo disse na Africa, intransigentemente as eleições diretas ao qualquer nível.

Je défends inconditionnellement, comme mon leader João Figueiredo a dit en Afrique, les élections directes à tous les niveaux.

Les positions différentes adoptées au sein du **PDS** sur les élections directes, les opinions sur la position présumée du Président, en l'absence de déclarations officielles, jouent certainement en faveur de la campagne pro-directe menée par l'opposition, que l'on ne pourra camoufler en ce début de mars, ne serait-ce que par l'ampleur des manifestations publiques.

Figueiredo, en contraste avec les tentatives de plusieurs membres de son parti pour démontrer la légitimité des indirectes, déclare, lors d'une entrevue préparée pour la radio et la télévision le 16 mars, qu'il est l'initiateur des directes et qu'il a toujours été en faveur de cette option. Même si l'on sait qu'il s'agit d'un procédé pour atténuer les divergences d'opinion, il se produit tout de même une confusion, comme en témoignent les réactions.

O Presidente demonstrou plena coerência entre suas palavras e sua ação.

Le Président a démontré une totale cohérence entre ses paroles et ses actions.

Paulo Maluf, qui est un inconditionnel des indirectes, choisit de ne voir aucun changement d'orientation de la part de Figueiredo. La nécessité pour Maluf de se prononcer sur la cohérence de ses prises de position démontre que, en fait, elle pourrait être discutable. M. Maciel l'interprète tout à fait différemment:

Acho que agora o Presidente João Figueiredo está diante de um compromisso que ele próprio criou, isso é o que mais me impressiona em su pronunciamento. O compromisso do restabelecimento das eleções diretas (16 mars).

Je crois que le Président João Figueiredo vient de prendre un engagement — c'est ce que je retire de son discours —, l'engagement de rétablir les élections directes.

Ainsi, à partir du 11 avril, c'est-à-dire après que se soit tenu le grand rassemblement de Rio, le Président tente à nouveau, par ses déclarations, de se mettre du côté de la population et il fait des élections directes son option pour le futur. Mais, comme il fallait s'y attendre, certains s'en tiennent aux anciens engagements et ne voient rien de nouveau dans ces déclarations. J. Sarney en fait partie et il continuera de montrer les élections directes sous un éclairage négatif (voir la réponse du 12 avril). D'autres le prennent au mot: Tancredo Neves, notamment, prend la part du Président en ajoutant foi à ses dires.

Les mesures d'urgence ont aussi fait l'objet de plusieurs déclarations contradictoires qui, en fait, se rattachent à l'absence de déclarations officielles sur cette question. On en est au niveau des rumeurs: le vague laisse planer une menace, risque d'engendrer la peur et de faire en sorte que se développe la paranoïa, moyen de pression qui a servi au régime au cours des vingt dernières années et qui lui sert encore. On peut supposer que le caractère indéfini de la situation est une tactique du gouvernement, ou du moins est-elle perçue comme telle, plutôt que comme un signe de faiblesse.

Après avoir réclamé la conciliation et le consensus, on trouve dans son discours du 16 avril la déclaration suivante à caractère incitatif pour ne pas dire autoritaire:

> [...] tenho autoridade para reclamar dos políticos brasileiros que não me soneguem a sua colaboração para resolver as graves problemas que augustiam a Nação.

> [...] *j'ai l'autorité pour exiger des politiciens brésiliens qu'ils ne me refusent pas leur collaboration pour résoudre les graves problèmes qui inquiètent la Nation.*

Que penser de ces brusques revirements dans l'argumentation, sans parler des silences prolongés du Président? Absence de consensus? Crainte des conséquences de sa prise de position? Toujours est-il que ce vague persistera et sera même alimenté par le Président lui-même à divers moments de la campagne.

La structure discursive

Nous avons vu, dans la première section, l'incapacité du gouvernement à maintenir le débat autour de la succession présidentielle, exclusivement dans les limites qu'il s'était fixées, à savoir le choix d'un candidat, comme l'illustrait le schéma 1.

Plus significative encore que le sujet du débat, se trouve la structure des discours. Nous l'aborderons à travers l'étude systématique des discours présidentiels puisqu'ils sont le lieu privilégié pour l'élaboration d'une argumentation; nous nous intéresserons principalement aux éléments linguistiques responsables de l'insertion du locuteur dans le discours, de sa relation au destinataire et aux autres énonciateurs. Or, la structure de ces discours fait apparaître ces caractéristiques particulières:

— une dénomination explicite de l'opposition;

— des références implicites à son discours.

Ces particularités de la configuration linguistique des textes présidentiels, mises en rapport avec le contexte socio-politique, traduisent, selon nous, l'extrême insécurité du gouvernement et le fait qu'il cède du terrain à l'opposition.

Parcours thématique

Avant d'entreprendre l'étude linguistique minutieuse des textes, considérons l'ensemble des discours du point de vue de la circulation des idées.

Durant le mois de mars, la discussion se concentrera autour de la proposition présentée par le leader du PDS à l'Assemblée nationale, Nelson Marchezan. Invitant le gouvernement à joindre une proposition de négociation avec l'opposition au cours de la journée du vote sur l'amendement Dante de Oliveira, cette proposition suscitera, on s'en doute, des réactions diverses, mais des réactions qui éclatent au grand jour.

Le ministre de la Justice, Abi-Ackel, émet des doutes et fait part de ses inquiétudes: en proposant les élections directes en 1988, l'opposition n'aurait qu'à proposer l'année 1985 comme une légère modification à apporter à l'un des articles de la proposition. Marchezan, répondant à Abi-Ackel, se défendra de faire le jeu de l'opposition. Le président du PMDB, Ulysses Guimarães n'accepte pas la formule de Marchezan:

> Se a eleição for adiada por quatro anos, estará também adiada a credibilidade (9 mars).
>
> *Si l'élection était ajournée de quatre ans, sa crédibilité le serait aussi.*

mais entrevoit une alliance possible entre l'opposition et le groupe dissident du PDS. Au milieu de cette campagne pour les directes qui agite de plus en plus le monde politique, Paulo Maluf intervient pour réaffirmer que rien n'a changé depuis la réunion du Comando Político do Governo, tenue le 8 mars, et que les élections indirectes sont toujours à l'ordre du jour.

Ceci n'est qu'un exemple de thèmes ayant suscité la discussion au cours de la campagne pour les élections directes. Mentionnons aussi les questions suivantes: le Congrès a-t-il le pouvoir de modifier la Constitution? (question soulevée suite au discours du Président, le 31 mars); une mobilisation générale serait prévue pour le 25 avril à Brasília, des mesures d'urgence seront-elles prises? Que signifie cette déclaration du Président Figueiredo à Madrid disant qu'il est en faveur des élections directes?

Cette dernière question, comme il a été mentionné à la section précédente, a été débattue dans tous les milieux mais principalement au sein du PDS. Elle relève de la tendance déjà remarquée qui consiste à présumer des prises de position du Président et à interpréter ses déclarations. Elle témoigne aussi de l'insécurité et de la mouvance des orientations au sein du parti du gouvernement en cette période de redéfinition des appartenances politiques.

La discussion autour des thèmes mentionnés ci-dessus prend l'allure d'un véritable débat. Tout en étant reliés à la question centrale du mode d'élection en 1985, leur variété est importante et témoigne de la richesse du débat en cours. Plus important encore est le fait que des intervenants issus d'horizons politiques divers interagissent par leurs discours: réponses, réactions, démentis, interprétations, accords, refus sont autant de mouvements discursifs qui témoignent de la plus grande ouverture du régime par rapport aux années 70 et de la confiance et du pouvoir grandissant de l'opposition.

Parmi les différents arguments utilisés par le gouvernement et par les forces opposantes en faveur de leur option respective (voir le schéma 3 ci-dessous), se trouvent des points de liaison entre les deux types de discours.

Schéma 3

Arguments contre les élections directes

— l'inflation est prioritaire (Maluf, 12 mars);

— les élections de 82 ont accordé un mandat pour des élections indirectes (Maluf, 12 mars);

— on ne doit pas changer la Constitution, surtout pas suite à l'insatisfaction d'un résultat électoral (Figueiredo, 16 mars);

— on ne doit pas troubler le processus d'ouverture, mais plutôt favoriser la tranquillité, la sécurité (Ludwig, 23 mars).

Arguments pour les élections directes

— pour résoudre les problèmes économiques (8 mars);

— il faut témoigner de la confiance au peuple (13 mars);

— parmi les parlementaires, même ceux appartenant au PDS sont en faveur (1er avril);

— le peuple s'est déjà prononcé aux élections de 82 (Guimarães, 1er avril);

— le Collège électoral n'est pas légitime (Cardoso, 1er avril);

— l'ampleur des manifestations et des rassemblements atteste sa validité (10 avril);
— pour apporter la tranquillité au peuple (Chaves).

Le gouvernement utilise à plusieurs reprises cet argument selon lequel les élections indirectes seraient les seules légitimes pour les raisons suivantes:

— elles sont sous la responsabilité du Collège électoral;

— elles correspondent au mandat reçu au moment des élections de 82.

L'opposition, au sens large, répondra directement à cet argument du gouvernement en contestant les deux énoncés sous-jacents. Cette contestation directe des arguments avancés par l'autre discours, ou encore de ses présupposés, relève de l'intertextualité.

Quant à l'argument sur l'inflation, il fut avancé par les partisans des directes: la reprise en main de l'économie ne pourrait se faire qu'avec un président élu par la population. P. Maluf aussi aura recours à cet argument en disant qu'il avait priorité sur la succession présidentielle; mais c'est plus un moyen rhétorique mis en œuvre pour éviter le débat qu'un argument véritable contre les directes[6].

L'argumentation de chacun des deux partis n'est pas complètement fermée sur elle-même, comme cela pourrait être le cas lorsqu'un discours a sa «logique» propre, c'est-à-dire qu'il repose sur des définitions qu'il forge lui-même en accord avec l'idéologie qu'il défend. Les interventions se disputent l'adhésion et procèdent formellement de l'échange, en ce sens que les discours surgissent en réaction les uns avec les autres et se répondent. Cependant, cet «échange» ne va pas jusqu'au niveau présidentiel qui se tient dans une certaine mesure à l'écart de cette «agitation» verbale, mais sans pour autant y être imperméable. Nous verrons dans la prochaine section ce que révèle la structure des discours présidentiels.

Mais avant de l'aborder, nous aimerions nous attarder sur un procédé argumentatif utilisé par le Président: il consiste à justifier une option en empruntant des arguments du discours adverse. Dans les énoncés ci-dessous, il s'agit du refus de casser un mandat qui est interprété comme une volonté de modifier ou d'échapper au résultat électoral:

> Mudar o sistema de eleição do presidente agora seria verdadeira cassação do mandato que os eleitores deram aos integrantes do Colégio.

> *Changer maintenant le mode d'élection du Président serait l'équivalent de casser le mandat que l'électorat a conféré aux membres du Collège.*

---

6. Dans une déclaration aux allures grandiloquentes, P. Maluf préconise certains moyens pour contrôler l'inflation:

«Há também [...] que se racionalizar os gastos públicos dentro do critério custos-beneficio. O certo é que a história da civilização nos ensina que desde o império romano, quem desestabiliza governo é a inflação» (12 mars). [*Il faut aussi [...] rationaliser les dépenses à partir du critère coûts-bénéfices. Ce qui est sûr, c'est que l'histoire de la civilisation nous enseigne que, dès l'Empire romain, l'inflation a été le facteur de déstabilisation du gouvernement.*]

[...] não querer mudar a Constituição sempre que um resultado eleitoral não nos agrade (16 mars).

[...] *ne pas vouloir modifier la Constitution toutes les fois qu'un résultat électoral ne nous plaît pas.*

Ce procédé s'apparente à la «simulation» que Marcellesi et Gardin définissent de la façon suivante:

> Par la simulation, le locuteur emprunte le vocabulaire d'un groupe qui n'est pas le sien pour tenir un discours de son groupe en le faisant apparaître comme le discours d'autrui (214).

Plus que du vocabulaire, il s'agit ici des arguments; en procédant de la sorte, c'est-à-dire en utilisant des arguments avec lesquels le destinataire est forcément d'accord, puisque ce sont les siens, le Président tente ainsi de limiter les objections possibles.

Les discours présidentiels et leur dynamique

a) Le locuteur et sa relation aux autres participants

Dans ses discours, le Président assume explicitement le rôle du locuteur, comme en témoigne l'usage des pronoms et de la terminaison verbale, des possessifs se rapportant au *je*:

Minha posição...

Ma position...

Ao referir-*me* as eleições de 1982...

En me référant aux élections de 1982...

Não falt*ei* aos *meus* compromissos com a democracia. Nem faltar*ei* (1ᵉʳ mai).

J'ai respecté mes engagements envers la démocratie, et je continuerai de les respecter.

De façon moins constante, il lui arrive d'utiliser un *nous* qui se présente parfois comme un collectif pour désigner le gouvernement ou encore pour englober les Brésiliens comme un tout; ainsi, dans son discours du 31 mars, le Président, en rappelant l'œuvre des militaires depuis 1964, utilise ces deux références liées au *nous*, le possessif renvoyant à la Nation brésilienne.

O objetivo final que sempre *nos* moveu — a todos quantos *nos* engajamos nessa cruzada patríotica — consiste en preservar valores essenciais à *nossa* maneira de vida (31 mars).

L'objectif final que nous avons toujours poursuivi — nous tous, quand nous nous sommes engagés dans cette croisade patriotique — est de préserver les valeurs essentielles à notre mode de vie.

Une autre valeur du *nous*, plus restrictive cette fois, est la jonction qu'établit le Président entre lui-même et ses appuis politiques, en excluant l'opposition:

Não podemos capitular ante a miragem de um avanço emocional. Temos o dever de lutar por uma sólida e definitiva consolidação do futuro... (16 avril).

Nous ne pouvons pas capituler devant le mirage d'un progrès à valeur émotionnelle. Nous devons lutter pour renforcer définitivement l'avenir...

L'emploi du verbe *capituler* montre bien l'idée de lutte face aux adversaires politiques. Attardons-nous sur l'image qu'en donne le discours dominant.

L'opposition apparaît explicitement dans les discours officiels et elle est parfois nommée, comme c'est le cas le

16 avril dans un message que le Président adresse aux ministres (et qui rapporte le contenu d'une réunion tenue avec le président du Congrès, le ministre de la Justice, le Président et les leaders du PDS):

> Peço-lhes, também, transmitir à Oposição, que sempre reclamou gestos de conciliação, receber esta mensagem como um convite ao diálogo... (16 avril).

> *Veuillez aussi dire à l'Opposition, qui a toujours réclamé des gestes de conciliation, qu'elle reçoive ce message comme une invitation au dialogue...*

Même s'il se sert d'un intermédiaire — les membres du PDS pour s'adresser à l'opposition —, le fait même de cette mention est significative de l'ouverture politique qui s'est concrétisée vers la fin des années 70 au Brésil. Les discours prononcés dans la période autoritaire désignaient plutôt implicitement l'opposition politique sans jamais la faire figurer au titre d'énonciateur. Ici, sans être un destinataire, parce qu'on ne s'adresse pas directement à elle, l'opposition est au moins nommée: elle apparaît à la troisième personne.

Nous ne pouvons pas aller jusqu'à dire, cependant, que les discours font place librement à l'opposition. Rares sont les cas ci-dessus mentionnés où elle est considérée explicitement, presque comme un interlocuteur; plutôt, elle est décrite de façon négative à la population qui elle, est le destinataire du discours.

> A Oposição procura fazer crer que somente a eleição direta seria instrumento eficaz de mudança (16 avril).

> *L'Opposition veut faire croire que seule l'élection directe serait un instrument de changement efficace.*

l'énoncé ci-dessus suggère l'idée de manipulation dont la population serait la victime. Plusieurs discours travailleront à construire cette association visant à présenter l'opposition non seulement comme l'adversaire du gouvernement, mais aussi du peuple, et dont elle risque d'être la victime.

Não nos devemos precipitar *levados pela emotividade e pelo radicalismo* de *alguns* que querem manipular a vontade do povo para atender objetivos pessoais imediatistas (16 avril).

Nous ne devons pas nous laisser emporter par l'émotivité et par le radicalisme de certains qui veulent manipuler la volonté du peuple pour satisfaire des intérêts personnels immédiats.

On fait généralement allusion à l'opposition en lui associant des traits comme l'émotivité, l'opportunisme ou le radicalisme. En général, plus il y a imprécision dans la désignation, plus les critiques à l'égard de l'opposition sont fortes. De plus, le fait qu'elle ne soit pas désignée explicitement ou qu'on ait recours à des indéfinis comme *alguns* ci-dessus, constitue une tentative pour diminuer son importance: en termes de nombre, il ne pourrait s'agir que d'un groupe de personnes assez réduit, ce qui fait contraste avec l'engouement manifesté par les élections directes lors des rassemblements de plusieurs milliers de Brésiliens.

[...] en nome de argumentos ilusórios e oportunistas (31 mars).

[...] *au nom d'arguments illusoires et opportunistes.*

[...] não radicaliza posições...

[...] *ne pas radicaliser les positions...*

[...] paixões do presente (16 avril).

[...] *passions présentes.*

[...] miragem de um avanço emocional...

[...] *le mirage d'un progrès à valeur émotionnelle...*

[...] pressão da emocionalidade dos que se deixam embair por aqueles cujos interesses foram derrotados nas urnas (16 avril, Nation).

[...] *la pression de l'émotivité de ceux qui se laissent tromper par ceux qui ont été délogés par le vote.*

Ce dernier énoncé renvoie clairement aux élections de 1982 et à ce qu'il interprète comme l'échec de l'opposition. Le gouvernement s'appuiera souvent sur le principe du système électoral pour critiquer l'opposition et l'accuser de contourner les règles du jeu.

Si l'opposition est présentée dans les discours présidentiels, ces derniers ne s'attardent pas à en délimiter les contours, à l'identifier. On sait que l'opposition déborde les frontières du PMDB, ce qui représente une situation nouvelle et délicate pour le gouvernement militaire, surtout lorsque surgit un thème aussi fondamental que celui des élections directes. On préférera taire ce phénomène, ce qui explique que ce n'est que le 16 avril qu'il est fait mention par le Président des partisans du PDS dissidents, mais où le terme «familia» écarte l'impression de désunion qui pourrait être soulevée:

Conciliação e compromisso assim entre os adversários políticos como entre membros da mesma *família* partidária (16 avril, Nation).

Conciliation et compromis entre les adversaires politiques comme entre les membres d'une même famille au sein d'un parti.

Le terme *peuple* est très présent dans les discours de cette époque car, concurremment avec celui de *Nation,* il représente le bénéficiaire des actions du gouvernement.

Toujours dans cette tentative de mettre en confrontation cette référence au peuple avec celle de l'opposition, le discours se propose de satisfaire les propositions de changement du peuple, car il les considère comme étant légitimes par contraste avec celles de l'opposition.

Se o povo quer e manifesta politicamente sua vontade (de mudança), o Governo e os partidos políticos não podem ignorá-la (16 avril).

Si le peuple veut et manifeste politiquement sa volonté (de changement), le gouvernement et les partis politiques ne peuvent l'ignorer.

Dans ce même discours, il minimisera les revendications en les attribuant à une tendance généralisée de contestation dans le monde, sinon à une mode qui se concentre surtout chez les jeunes. On n'est pas loin de l'attitude paternaliste de celui qui veut établir des limites raisonnables au changement.

b) Thématique et rhétorique conservatrice

Quando assumi a Presidencia da República *jurei* perante o Congresso Nacional defender a Constituição e manter a ordem e a tranquilidade da Nação brasileira. *Jurei* também conduzir o País à democracia.

Quand j'ai assumé la présidence de la République, j'ai juré devant le Congrès national de défendre la Constitution et de maintenir l'ordre, la tranquillité de la Nation brésilienne. J'ai juré aussi de conduire le pays vers la démocratie.

La première phrase réalise un acte de parole qui rappelle les engagements qu'a pris le Président. Il a pour effet, en ce début de discours, de souligner, d'assurer sa légitimité: il montrera que les promesses faites sont tenues ou en cours de réalisation. Du point de vue argumentatif, il est intéressant de constater que ces deux actes sont placés en contraste: malgré la juxtaposition, on pourrait supposer un connecteur *mais* entre les deux énoncés. Cela exprime bien les deux pôles de la politique brésilienne à cette époque — la force d'inertie par le maintien du *statu quo* vis-à-vis de la nécessité d'un changement —, et rend compte aussi de l'ambivalence des prises de position du gouvernement.

L'opposition et sa confrontation avec le gouvernement est aussi vue dans les discours à travers des références temporelles, plus spécifiquement celle opposant le présent et le futur. Le gouvernement se donne pour objectif de garantir le futur tandis que les groupes oppositionnels, dans leur hâte d'obtenir tout pour le présent, risqueraient de compromettre la «tranquillité» de la Nation, la sécurité. Plutôt que de mettre l'accent sur les idéaux communs, la démocratie, le discours dominant exploite les divergences quant au moment propice pour l'exercice de la démocratie.

> A eleição direta é inoportuna no momento, muito embora reconheça aconselhável restabelecê-la no futuro (31 mars).

> *L'élection directe est inopportune pour le moment, même si je reconnais qu'elle est souhaitable pour le futur.*

> [...] não capitular perante as paixões do presente (16 avril).

> [...] *ne pas renoncer devant les passions du présent.*

> [...] olhar serenamente para o futuro (16 avril).

> [...] *considérer l'avenir avec sérénité.*

L'image de l'opposition comme un adversaire, un ennemi coïncide aussi avec l'allusion menaçante d'une fermeture du régime qu'on laisse planer.

> A abertura política não se fez sem riscos. *Queremos que ela se faça sem recuos* (16 avril).

> *L'ouverture politique ne s'est pas faite sans risques. Nous désirons qu'elle se fasse sans retour en arrière.*

Plusieurs autres éléments appartenant aussi à la thématique du discours autoritaire des années 60 et 70 sont présents. Par exemple le thème du devoir, celui accompli en conformité avec les engagements pris envers la Nation et celui à accomplir, qui justifie les actions du gouvernement et sa légitimité

> O povo é testemunha de que tenho cumprido tudo que prometi (16 avril).
>
> *Le peuple peut témoigner du fait que j'ai accompli tout ce que j'avais promis.*

et les présente toujours comme l'unique solution:

> Defensor da Constituição *era o meu dever* garantir a livre manifestação... (1er mai).
>
> *En tant que défenseur de la Nation, il était de mon devoir de défendre la libre expression...*

Dans d'autres contextes, plus que le devoir, c'est la normalité proche de la rationalité qui est invoquée comme justification. José Sarney s'en servira en espérant calmer l'esprit de confrontation qu'il attribue à l'opposition.

> E as eleções diretas para o sucessor de Figueiredo *serão o resultado natural* do processo de abertura política. Não é preciso fazer campanha para conseguir isso (12 avril, *Correio Brasiliense*).
>
> *Et les élections directes pour le successeur de Figueiredo seront le résultat naturel du processus d'ouverture politique. Il n'est pas nécessaire de faire campagne pour faire accepter cela.*

L'appel à Dieu, la patrie et la famille pointent à travers les discours:

[...] a todos quantos nos engajamos nessa *cruzada* patriótica... (31 mars).

[...] *à nous tous, lorsque nous nous sommes engagés dans cette croisade patriotique...*

[...] bem como a concessão da anistia reclamada para *a pacificação da família brasileira* (31 mars).

[...] *tout comme la concession de l'amnistie réclamée pour la pacification de la famille brésilienne.*

Com a ajuda de Deus e graça a esse processo, em que a responsabilidade e a negociação prevaleceram chegamos à democracia de direito e de fato (16 avril).

Avec l'aide de Dieu et grâce à ce processus, qui privilégie la responsabilité et la négociation, nous arrivons à la démocratie de droit et de fait.

L'idée de démocratie est présentée d'une double façon dans les discours depuis 64: à la fois comme une conquête pour le futur et comme l'état présent du régime. Cette ambivalence se retrouve en 84: elle apparaît dès le 16 mars, lors d'une entrevue au cours de laquelle le Président déclare que l'État démocratique est une réalité. C'est, bien sûr, une tentative pour désamorcer le discours de l'opposition qui revendique le retour à la démocratie par le biais des élections directes.

Quando assumi, em 79, eu disse: vamos para à democracía. *Hoje*, com cinco anos de Governo, eu me sinto realizado, porque *estamos numa democracía* (16 mars).

Quand j'ai assumé mes responsabilités en 1979, j'ai dit: nous allons vers la démocratie. Aujourd'hui, après cinq ans de gouvernement, ce souhait s'est réalisé car nous sommes dans une démocratie.

c) Dialogisme

Malgré le fait que les discours s'appuient sur une rhétorique conservatrice et que la relation avec l'opposition en soit une de confrontation, ils recèlent une configuration particulière, dialogique, qui ne peut que prouver l'impact considérable du discours de l'opposition sur la situation politique.

Les discours sont révélateurs des préoccupations des énonciateurs à travers les rapports qu'ils entretiennent avec les destinataires et les effets qu'ils cherchent à produire. Il est intéressant de comparer d'une part, les prises de position du Président Figueiredo et leur évolution au cours des mois de mars et avril 1984, comme l'illustre le schéma 4, avec la formulation de ces propositions.

Schéma 4

16 mars: entrevue   *élections indirectes pour 1985, pas de changement de la Constitution*

31 mars: discours officiel   *élections indirectes pour 1985, pas de changement de la Constitution*

12 avril: brève entrevue   *élections directes*

16 avril: discours officiel pour les ministres et discours officiel pour la Nation
- *élections indirectes pour 1985*
- *élections directes pour successeur du prochain Président (pas de date)*
- *réduction du mandat présidentiel à 4 ans*

2 mai: discours officiel
- *élections indirectes pour 1985*
- *élections directes pour successeur*
- *réduction du mandat présidentiel*

Le schéma montre qu'autour du 16 avril, les propositions du gouvernement se précisent; le changement majeur concerne non pas la succession de Figueiredo mais les élections de son successeur, quant au type d'élection et à la date. Tout au long de cette période, rien de nouveau n'est proposé sur la succession de Figueiredo et son mode d'élection. Pourtant, les discours du gouvernement avanceront deux thèmes à partir du 16 avril: élections directes et changement. En effet, ces thèmes relèvent du principe d'intertextualité puisqu'ils renvoient à d'autres discours tenus antérieurement et auxquels ils répondent: il s'agit des discours revendicateurs de l'opposition. Le gouvernement lui emprunte ces thèmes dans le but de montrer qu'il se rend à ses désirs. On pourrait dire qu'il tente de faire accepter les énoncés suivants:

«Nous sommes en faveur des élections directes»
«Nous sommes pour le changement»

Il est bien évident qu'en s'appuyant sur le thème des élections directes, une telle déclaration ne peut passer inaperçue durant la campagne menée par l'opposition, surtout par son contraste avec les déclarations passées du gouvernement qui ne défendait que les élections indirectes. Plus intéressant encore est le fait que le changement est montré comme tel, explicitement: le gouvernement tient à prouver sa bonne volonté à négocier; bien sûr, il n'est pas présenté comme un simple changement de perspective, mais comme un changement réel. Il est intéressant de voir que dans le discours du 16 avril, adressé aux ministres, on trouve cet énoncé principal:

A mensagem não objetiva a realização de eleições diretas este ano.

Le message ne fait pas des élections directes un objectif à réaliser pour cette année.

alors que dans celui de la même date, mais destiné à la Nation, il est dit:

Conforme a vontade popular é préciso mudar a Constituição. Vamos mudá-la (16 avril).

Conformément à la volonté populaire, il est nécessaire de changer la Constitution, et c'est ce que nous allons faire.

Si, dans ces deux circonstances, le Président présente le contenu de l'amendement que le gouvernement déposera au Congrès, il le fait de façon bien différente, compte tenu de ses destinataires. Il lui importe de montrer les points de vue convergents avec ce qu'il appelle la «volonté populaire». Il est évident donc que le gouvernement tient à ménager ses interlocuteurs et veut faire preuve de coopération.

Le recours au thème des élections directes est plus qu'un simple procédé rhétorique ponctuel utilisé pour plaire à l'interlocuteur: en effet, l'évolution du débat sur les directes nous apprend que ce glissement en faveur de l'opposition est généralisé. Le fait qu'il survienne après une période où les prises de position du Président se faisaient rarissimes, au milieu d'interventions souvent désordonnées des membres du gouvernement et des fortes pressions non seulement de l'opposition mais de la population en général, est très révélateur de la position de faiblesse ou du moins de la position défensive que le Président est forcé d'adopter. Son discours est réglé sur celui des forces oppositionnelles face auxquelles il tient à montrer son accord.

Les prises de position réelles du gouvernement — c'est-à-dire la défense des élections indirectes pour 1985 — seront énoncées comme des restrictions à la possibilité de changement. En se présentant comme de simples restrictions, l'énonciateur — en l'occurrence, le Président — espère diminuer leur importance de façon à mettre en évidence son accord pour le changement[7]. Dans son discours du 16 avril

---

7. Autrement dit, plutôt que d'opposer un refus catégorique à ses adversaires qui pourrait être de la forme: «Non, pas d'élections directes en 1985, seulement en 1989», il choisit de répondre de façon plus diplo-

fait à la Nation, le Président reprend un terme, *mudança*, de façon métalinguistique, c'est-à-dire en le montrant explicitement comme faisant partie du vocabulaire qu'il attribue de manière indéfinie à l'époque actuelle et plus spécifiquement aux jeunes:

> A palavra de ordem, nos dias de hoje, principalmente para os mais jovens, é «mudança».
>
> *Le mot d'ordre, de nos jours, principalement chez les plus jeunes, est «changement».*

Il est intéressant de voir qu'il reprendra ce terme dans le reste de son discours:

> [...] entre as mudanças que hoje estou propondo ao Congresso Nacional, saliento as seguintes...
>
> [...] *parmi les changements que je propose aujourd'hui au Congrès national, figurent les suivants...*

Bien sûr, en termes de procédé argumentatif, cela comporte l'avantage certain de contribuer à persuader l'opposition qu'il se rend à sa volonté de changement: employer les mêmes termes favorise l'accord, même si on sait que deux groupes peuvent y accorder des sens tout à fait différents. Cependant, il est révélateur que le Président ait recours à ce procédé qui, somme toute, exclut une position d'autorité et le place même dans une position de dépendance vis-à-vis de ses opposants. Disons tout de suite qu'il a pris soin de ne pas attribuer ce discours exclusivement à l'opposition et de désamorcer les tensions, banaliser les revendications en en faisant un mot à la mode. D'autres contextes viendront renforcer cette valeur de dépendance du discours dominant qui transparaît à certains moments.

---

mate tout en maintenant la même position: «Oui, j'accepte les élections directes, mais pour 1989.» Si ces réponses possibles sont équivalentes du point de vue informatif, elles ne le sont certainement pas du point de vue argumentatif.

Un autre élément, tout à fait nouveau du discours dominant de cette époque de libéralisation, est le rapport de parole des interventions de l'opposition.

A oposição procura fazer crer que somente a eleição direta seria instrumento eficaz de mudança. E, contrariamente, que a eleição indireta seria obstaculo para as mesmas mudanças que a sociedade exige. Alega mesmo que o Colégio Eleitoral seria ilegítimo (16 avril).

L'opposition veut faire croire que seule l'élection directe est un instrument efficace de changement. L'élection indirecte, au contraire, serait un obstacle à ces mêmes changements que la société exige. Elle prétend même que le Collège électoral serait illégitime.

En effet, le dialogisme, c'est-à-dire ici la présence d'éléments caractéristiques du discours de l'opposition, n'est pas synonyme d'accord, d'entente avec ce dernier. N'oublions pas que le Président continue de considérer l'opposition comme un adversaire et la présente comme manipulatrice de l'opinion publique. Ce dialogisme manifeste, cependant, de façon particulière, les rapports de force entre les énonciateurs. En effet, la reprise du discours des opposants, même si c'est pour le contredire, témoigne de l'importance qu'on leur accorde en tant que force politique. Exposer les idées d'autrui, c'est aussi contribuer à les faire connaître, susciter des prises de position sur le sujet — un risque que le régime autoritaire rejetait, il n'y a pas si longtemps par la censure: ce type de reprise atteste le changement discursif survenu. Que ce soit par choix ou par nécessité, le Président se trouve ainsi, par la structure de son discours, à accorder à l'opposition un espace qui lui était refusé auparavant. Ce procédé relève de la polémique qui, par le débat qu'elle instaure, reconnaît l'autre comme rival et suppose l'égalité entre les énonciateurs.

Ce même discours du 16 avril se poursuivra sur le mode du *il est faux que... x...*, où *x* renvoie au discours de l'opposition et à l'interprétation qu'en fait le gouvernement. Malgré tout, le contenu de ce discours du 16 avril est marqué principalement par l'affirmation de la volonté de changement (26 occurrences du mot *mudança* et de ses dérivés) et la proposition de négociation (17 termes en fin de discours appartenant à ce champ lexical). Le caractère dialogique souligné plus haut est en correspondance avec le contenu du discours et va même au-delà: il traduit non seulement la négociation en cours mais la place grandissante qu'il fait aux revendications sur les élections directes.

Conclusion

Au cours du régime militaire, la «démocratie» a été un thème permettant la convergence de plusieurs revendications: égalité sociale, économique, auto-détermination, etc. Cependant, la campagne pour les élections directes de 1984 en représente certainement le point culminant, à travers la revalorisation de la politique et l'exhortation à la reprise en main de la responsabilité politique.

L'euphorie, créée par les grands rassemblements de milliers de personnes encore jamais vus au Brésil, contribua à donner à l'opposition l'impulsion qui lui a parfois fait défaut pour affronter le gouvernement. Le vote du 25 avril pour l'amendement Dante de Oliveira finit par représenter une véritable croisade pour la fin du régime militaire. On peut comprendre que, pour plusieurs, le rejet de l'amendement Dante de Oliveira, incarnant cet idéal démocratique, a entraîné une grande désillusion.

Cependant on peut aussi considérer les événements d'un autre point de vue, celui qui consiste à voir dans la campagne pour l'adhésion à l'amendement Dante de Oliveira une démarche extrêmement importante de négociation du pouvoir, une épreuve de force entre deux formations, celle au pouvoir défendant le *statu quo* et celle représentant toute forme d'opposition.

Les représentants de l'opposition marquent une avance considérable sur leurs adversaires en ramenant le débat dans leur camp: à la discussion amorcée autour de la succession présidentielle sur le choix d'un candidat se substitue celle, beaucoup plus fondamentale, du cadre juridique des élections. Le gouvernement offre une résistance marquante dans les discours étudiés et ce n'est que parce que le contexte politique l'y oblige qu'il entreprend la discussion sur les élections directes.

On peut faire comme certains et interpréter la popularité de la campagne comme allant au-delà des partis politiques («suprapartidária[8]»). Certes, il est vrai que la mobilisation excédait les simples partisans du PMDB, mais c'est justement, à notre avis, parce qu'elle était prise en main par les partis politiques, quels qu'ils soient, et que le débat atteignait le niveau parlementaire qu'elle a pu avoir l'ampleur et l'impact qu'elle a connus. L'obligation dans laquelle les parlementaires se trouvaient de prendre position sur la question, le désir pour certains de se démarquer dans la lutte pour la succession présidentielle, ont amené le débat des élections directes sur la scène publique des priorités nationales.

Les discours montrent bien comment la question de la succession présidentielle est devenue indissociable de l'amendement Dante de Oliveira. Or, les périodes de succession présidentielle au sein du régime militaire ont toujours été extrêmement tendues par les jeux d'alliance qu'elles supposent; ajoutons à cela la décision de non-intervention du Président Figueiredo dans ce jeu d'alliance et une vaste remise en question du régime militaire engendrée à tous les niveaux par le vote sur l'amendement, et on obtient une situation de déséquilibre encore jamais connue au Brésil depuis 1964.

---

8. Voir par exemple R. Magalhâes, gouverneur de Pernambuco, *Jornal do Brasil*, 13 mars.

Les discours nous le démontrent, si on considère l'aspect non pas informatif, puisque tout au long du débat le Président est en faveur des élections indirectes pour 1985, mais argumentatif et dialogique. Malgré toute la résistance explicite aux propositions avancées par l'opposition, cette dernière acquiert véritablement son rôle d'énonciateur dans le discours dominant par la dénomination non camouflée, qui en est faite, par le rapport de parole. Elle est peut-être toujours l'adversaire, mais au moins elle acquiert une place dans le schéma énonciatif du discours dominant.

Le niveau dialogique nous apprend aussi que le discours dominant est en quelque sorte graduellement contaminé par le discours de l'opposition. Nous faisons allusion ici à la formulation du débat, qui est une dimension essentielle. Ce débat procède à partir d'une proposition formulée par l'amendement et reprise par les slogans qui lancent l'offensive de l'opposition. Elle ne se présente pas sur un terrain neutre, comme ce serait le cas avec une proposition disjonctive du type: «Êtes-vous en faveur des élections directes *ou* des élections indirectes?» Elle est plutôt entraînée par l'opposition qui proclame «Nous voulons les élections directes» et gagne ainsi de l'avance sur son adversaire, obligeant ce dernier à assumer une position défensive, position qui apparaît dans l'enchaînement des interventions mais aussi dans la structure de celles-ci. En effet, les reprises implicites du discours de l'opposition que le discours dominant ne peut s'empêcher de faire ainsi que les procédés mis en œuvre pour ménager cet énonciateur en témoignent. Ces mécanismes sous-jacents du discours peuvent être interprétés, sinon comme un affaiblissement de la domination exercée par le discours du gouvernement, du moins comme l'incapacité de ce dernier à maintenir les positions assumées jusqu'à ce moment. D'autres événements viennent corroborer cette hypothèse. Il y a notamment les contradictions discursives qui font jour du côté du gouvernement et le changement d'orientation et de ton manifesté dans le discours du Président, le 2 mai 1984, par un appel «ao congraçamento, à conciliação, ao diálogo que dirijo aos políticos de meu país — homens e mulheres da situação, mulheres e homens da oposição —; é um chamamento, sincero e caloroso, à classe política, no seu todo, para que me ajudem, cada qual à sua maneira, na proporção de seu idealismo, a propiciar aos brasileiros a felicidade social que merecem». [*à la réconciliation, à la conciliation, au dialogue qui animent les politiciens de mon pays — hommes et femmes de la situation, hommes et femmes de l'opposition; j'adresse un appel, sincère et chaleureux à la classe politique, dans son ensemble, pour que, chacun à sa manière, à la mesure de votre idéalisme, vous m'aidiez à procurer aux Brésiliens le bien-être social qu'ils méritent*].

Ce discours ne figurera d'ailleurs pas dans le Recueil officiel de la Présidence...

Conclusion

A nação não é caserna: a coordenação do povo
está vencendo a subordinação militar.
Podbre Brasil! Décio Pignatari

Les voies de l'analyse du discours

L'analyse du discours, on le sait, se démarque de la linguistique par son objet d'étude. Centrée non pas sur cette entité qu'est la phrase mais sur le texte ou le discours oral, non pas sur des phénomènes de langue, de compétence mais de performance, on comprend que cette discipline doive se constituer une approche, une méthodologie qui lui soient propres. Des problèmes se surajoutent lorsque l'analyse porte non pas sur un texte ou un ensemble restreint de textes, attribuables à un auteur par exemple, mais à des centaines de textes produits par des locuteurs au cours de périodes différentes. C'est ce défi que nous avons tenté de relever en suivant l'évolution des discours sur une période de vingt ans: une fois la sélection du corpus d'étude opérée, cela signifiait environ trois cents textes à analyser. Dans un cas semblable, il ne s'agit pas de caractériser un homme politique ou un parti, mais de suivre l'évolution d'une situation de discours, en réalisant une analyse diachronique dont la validité ne doit pas être affectée par les changements de présidents, de partis au pouvoir ou de l'opposition.

On oublie souvent, une fois les résultats de l'analyse disponibles, les différents scénarios qui auraient pu se présenter. D'abord, il n'est pas si évident que le passage de l'autoritarisme vers la libéralisation ait dû se manifester dans les discours: il aurait très bien pu être un sujet abordé (donc figurer au niveau du contenu des paroles) au lieu d'apparaître dans la configuration des discours, comme ce fut le cas. En admettant, cette fois, que le changement soit discursivement marqué, il aurait pu dépendre de la présence ou de l'absence d'une catégorie linguistique particulière ou d'un champ lexical déterminé. Mais cette hypothèse a dû être écartée. Pour prendre des cas extrêmes, le discours autoritaire ne se caractérise pas par l'occurrence de constructions comme l'impératif, liées à l'autorité; on ne peut non plus soutenir que le discours de libéralisation offre un paradigme nouveau de termes centrés sur la démocratie, puisque ce paradigme existe déjà à la prise du pouvoir par les militaires en 1964. D'autre part, on aurait très bien pu imaginer un changement radical dans les propos et la forme des discours dès 1974, au moment où la *distensão* est proposée par le Président Geisel, ou au contraire, un discours autoritaire dans la forme qui se serait maintenue jusqu'à la passation du pouvoir aux civils en 1984, tout en s'allégeant de promesses démocratiques. On a plutôt diagnostiqué un effritement du discours autoritaire par son incapacité à incorporer dans l'argumentation générale les thèses concernant l'ouverture, autrement qu'à travers le point de vue de l'opposition.

Vue à partir des discours, la transition doit être saisie en faisant intervenir des paramètres provenant de trois sources:

1. la circulation des discours;
2. les interactions entre les discours des différents acteurs (s'affrontent-ils? partagent-ils les mêmes thèmes? etc.);
3. leur structure linguistique et dialogique.

L'importance accrue de chacun de ces aspects est subordonnée à la forme d'exercice du pouvoir qu'adopte le gouvernement. Ainsi, en période autoritaire, on peut supposer que la circulation des discours sera très réduite, accompagnée ou non de censure, ce qui aura une incidence sur les éléments 2 et 3 ci-dessus: peu ou pas d'interaction et exclusion du point de vue de l'autre. Soulignons que pour les 4 périodes sélectionnées, les textes ont dû être étudiés en rapport avec les autres discours émis et la conjoncture, plus spécifiquement, l'événement politique visé par les prises de parole.

En prenant en outre pour acquis qu'un discours non autoritaire favorisait ces 3 éléments, à savoir, la libre circulation des discours, l'interaction entre les discours des différents acteurs et le dialogisme; il restait à déterminer la nature de l'interaction et la forme linguistique qu'il est susceptible d'emprunter selon les périodes étudiées. L'essentiel consiste ainsi à mettre en relation l'objectif formulé en termes socio-politiques: quelle est l'évolution des rapports entre les acteurs politiques? et celui formulé en termes linguistiques: quelles sont les traces linguistiques possibles du passage de l'autoritarisme vers la libéralisation?

Le dialogisme, qui concerne l'ouverture d'un discours sur celui des autres, nous a semblé être le phénomène capable d'établir le lien entre les deux objectifs, d'autant plus qu'il permet de combler une lacune des analyses du discours, reconnue explicitement par plusieurs auteurs (voir Pêcheux et al., 1982): une prise en compte de la dimension sémantico-pragmatique des textes. Mais comment mesurer le dialogisme? En choisissant comme instruments linguistiques les pronoms personnels et leurs substituts, on peut cerner la position énonciative qu'assument les participants du discours, l'image qu'ils se font de leur destinataire. Là où la pratique apporte un enseignement, c'est concernant la fluctuation de leur importance tout au long de la période considérée. En effet, l'analyse révèle que ce n'est pas tant la présence ou l'absence d'une catégorie linguistique qui est pertinente, mais comment elle s'associe à d'autres pour former une argumentation, un mode énonciatif particulier. Par exemple, si le jeu des pronoms s'est avéré particulièrement révélateur des positions idéologiques assumées par les dirigeants de 1969, l'analyse révèle des extensions de ce phénomène auprès d'autres constructions comme l'emploi du générique, du quantificateur. En revanche, les positions des locuteurs en 1979 sur la formulation du projet d'amnistie trouvaient une expression plus pertinente dans des constructions comme: *l'amnistie que je/tu propose(s) est x*, où l'emploi des pronoms s'adjoint à la qualification. La déroute du discours dominant apparaît en 1984 en faisant transparaître des contradictions tant dans l'allure du débat (interaction des discours) que dans la structure dialogique (contamination par le discours de l'Autre).

Un dernier point. Même si pour des raisons de commodités, la dichotomie *gouvernement/opposition* a été employée pour se référer aux forces antagonistes (*dirigeants/société civile*) et à leurs discours, les enjeux politiques empêchent d'y voir une simple «course au pouvoir», comme on y est habitué dans les régimes démocratiques. En effet, l'antagonisme brésilien de cette période repose sur des positions idéologiques et politiques quant au projet de société et au type d'exercice du pouvoir. N'oublions pas que les dirigeants se trouvaient dans la position particulière où, avec la transition, ils acceptaient — en principe, du moins — de céder le pouvoir. Et les nouveaux rapports ainsi amorcés entre dirigeants et société civile se construisaient en grande partie à travers les discours officiels.

Repenser l'ouverture politique

Il est commun de situer en 1974 le début de la transition et d'en attribuer la responsabilité au général Geisel. Pourtant, lorsqu'on reconsidère les événements de l'époque, non pas un à un, mais en tentant de retracer les stratégies politiques qui les conditionnaient, on ne peut que remettre en doute sérieusement cette hypothèse.

Il est vrai que des jalons importants sont jetés lors de l'abolition de l'AI-5, la libéralisation de la censure préalable pour la radio et la télévision, la restauration de l'*habeas corpus* pour les prisonniers politiques, l'abolition de la peine de mort et de la prison à vie. Mais il faut se rappeler que ces mesures n'ont été prises que vers la fin de 1978, par un amendement constitutionnel, et ont été accompagnées d'autres mesures équivalant à un renforcement de la Loi de Sécurité Nationale: elles permettaient à l'Exécutif de proclamer l'état d'urgence ou l'état de siège pendant quatre mois sans approbation du Congrès.

Qu'en est-il du côté de la société civile? Vers 1976-1977, des pressions sont exercées par différents groupes (l'Église, les intellectuels, les avocats, etc.), mais les conditions ne sont pas encore réunies pour une véritable prise en main de l'ouverture, les intérêts de ces différents groupes entrant parfois en conflit comme en témoignent leurs interventions publiques. Il y a absence de discours homogène réunissant ces voix de l'opposition en une force unie contre le gouvernement, chaque groupe étant occupé à défendre ses propres intérêts.

L'annonce de la transition marque-t-elle un véritable changement? Est-il suffisant que des acteurs politiques se manifestent en faveur de l'option démocratique pour que l'on puisse conclure à un changement réel dans cette voie? On ne peut nier que la possibilité même qui est alors offerte à ces acteurs d'exprimer leur opposition au gouvernement constitue un avancement. Cependant, tant que les voix exprimant leur désaccord n'atteignent pas la scène politique, celle où se joue le pouvoir, tant que l'espace politique leur sera fermé par les dirigeants, elles demeureront stériles.

L'ouverture politique n'a pas eu lieu avant la fin des années 70 — soit environ quatre ans après son annonce officielle —, et le Président Geisel s'est grandement employé à garantir ce délai. Il a fait naître l'espoir, tout en obligeant l'attente; il a annoncé le changement tout en retardant son avènement jusqu'à la fin de l'exercice de ses fonctions. De cette façon, il en a eu le crédit, sans avoir à en subir les désavantages. Dans une situation qui laisse présager une crise politique et économique, à défaut d'apporter une solution viable et concrète à ces problèmes, le Président ravive la légitimité de son gouvernement au moyen de ce projet politique. Face à l'opposition, il fait figure d'intermédiaire se proposant de négocier avec la ligne dure (*linha dura*), tandis qu'auprès des militaires conservateurs, il s'engage à ce que la *distensão* ne compromette pas le *statu quo*. C'est une véritable épreuve de force qui s'engage, rendue possible par l'extrême centralisation du pouvoir et par la faible circulation des discours encore en cette période, ce qui interdit aux différents secteurs de l'opposition d'avoir accès à l'information. Les dissensions parmi les militaires, les luttes pour la succession présidentielle, bref les tensions au sein de l'institution militaire sont connues principalement par la rumeur. Seules les grandes organisations au niveau national comme l'Ordre des avocats du Brésil (OAB) et l'Église possèdent un réseau de communication interne permettant la circulation de l'information et donc l'organisation possible de ces secteurs en opposition au gouvernement. Quant aux médias, ils sont immobilisés par la censure pendant la plus grande partie du gouvernement Geisel.

Mais ce qui permet d'être aussi catégorique dans l'évaluation de «l'avancement démocratique», c'est surtout la structure des discours présidentiels. Il y a, bien sûr, l'introduction d'une nouvelle thématique, celle de la *distensão*, mais elle n'altère pas la configuration notée dans le discours autoritaire de 1968-69[1]. Sur le plan du contenu, les textes se

---

1. D'où l'importance de nuancer des affirmations comme celles de Viola et Mainwaring (1985: 195): «The decision to move toward a more liberal political system enables the regime elites to promote a democratic discourse which becomes a new means of seeking legitimacy.» [*La déci-*

présentent comme garant d'une vérité indiscutable, fondée sur des valeurs morales (le bien de la nation, le progrès, etc.) et ont pour but d'établir une légitimité. La *distensão* est utilisée comme argument en faveur de la légitimité du gouvernement, de telle sorte que les propositions sous-jacentes se profilent: «être contre le gouvernement, c'est compromettre la *distensão*», «plus on exerce des pressions sur le gouvernement, plus on retarde la *distensão*». Si dans le discours autoritaire de 1968, la menace s'exerçait à l'égard de ceux qu'on soupçonnait de «nuire à l'intérêt de la nation» (que les discours rendaient équivalent à «s'opposer au gouvernement»), en 1977, cette menace se précise: interrompre le soi-disant processus de cheminement démocratique. De façon paradoxale, le Président demande à l'opposition de s'en remettre à lui pour la mise en œuvre de ce processus (autrement dit, de ne pas tenter d'actions parallèles, contestatrices, de ne pas exercer de pressions), curieuse façon d'élargir la participation politique nécessaire à toute pratique démocratique!

À ce propos, s'il y avait réellement une participation accrue, comme on peut le supposer dans une période de libéralisation, elle devrait se manifester non seulement sur le plan politique, mais aussi sur le plan linguistique par la présence du dialogisme, cette interpénétration des discours. Il ne faudrait pas croire que nous entendons par là la réconciliation des prises de position; au contraire, des discours peuvent continuer de s'affronter tout en manifestant du dialogisme. Cette notion rend compte du fait qu'ils se construisent l'un par rapport à l'autre en empruntant possiblement des tournures, des propositions et en les réintégrant dans leur

---

sion d'aller vers un système politique plus libéral permet aux élites du régime de promouvoir un discours démocratique, ce qui devient une nouvelle façon d'obtenir une légitimité.] La référence aux valeurs démocratiques qui se trouve dans les discours à partir de 1974 n'en fait pas un «discours démocratique».

structure propre. Un discours n'est jamais une voix isolée mais l'écho d'autres discours. Aussi, l'analyse ne doit pas porter sur des textes indépendants, mais sur l'interrelation des discours manifestant dans quelle lignée idéologique un groupe politique élabore son projet, comment il prévoit les attaques et répond aux objections de ses adversaires; en somme, la lutte politique traverse la construction d'un sens, d'une argumentation et étudier les productions discursives revient à prendre le pouls d'une situation pour en déceler les faiblesses ou les victoires, les jeux d'alliance avouées ou non, les contradictions.

Étant donné que le passage du projet autoritaire aux projets démocratiques au Brésil se traduit par la lutte pour la reconnaissance des acteurs politiques, leur légitimation, l'accès à la participation politique, il en ressort que l'antagonisme entre le gouvernement et la société civile constitue un élément essentiel d'analyse. L'étude pragmatique des discours permet justement de mesurer les rapports de force entre les antagonistes. Le discours est l'instrument privilégié de l'exercice du pouvoir. Non seulement il manifeste l'autorité, dans le contexte brésilien qui nous occupe, mais il la crée. Son rôle est essentiel et aucun gouvernement, utilisant une coercition aussi forte soit-elle, ne peut se passer du pouvoir des mots. Le monopole de la parole commence, pour le gouvernement militaire brésilien, dans la configuration particulière des propos qu'il tient. Le discours autoritaire construit un argumentation reposant sur l'idéologie de la sécurité nationale en faisant apparaître ses propositions sous l'angle de la vérité, universelle et incontestable, non seulement par leur contenu mais aussi par leur forme. Cette argumentation est en quelque sorte «égocentrique»: elle ne répond pas aux arguments du discours adverse et ne l'inclut même pas dans son énonciation. Elle redéfinit le monde politique à travers la vision idéologique qu'elle tente d'imposer.

Même si en 1977, l'opposition a le droit de parole, elle n'a toujours pas de pouvoir politique reconnu puisque le discours dominant continue de l'exclure. S'il la nomme explicitement, c'est pour mieux s'y opposer, en invoquant la logique de la sécurité nationale. Autrement dit, tout se passe comme si le gouvernement militaire avait construit argumentativement une grille d'analyse de la situation politique, en dehors de laquelle il n'y a plus de raisonnement possible. Le discours a tous les pouvoirs de décréter tel comportement comme une menace pour la sécurité et d'appliquer la conclusion qui s'impose: démettre l'individu de ses fonctions, l'éliminer politiquement. Jusqu'en 1979, le gouvernement utilise un discours de domination, par lequel il exerce ce contrôle exclusif de la parole. Monologique, sauf pour les renvois aux discours provenant de la même formation idéologique, il ne reconnaît pas l'opposition. Cela revient à dire que, au milieu des années 70, malgré le nouveau mot d'ordre sur la *distensão*, l'opposition n'acquiert pas le statut d'interlocuteur sur le plan discursif et politique. Pour qu'il y ait ouverture, il faut un dialogue, c'est-à-dire la reconnaissance de l'existence de l'autre. Mais là où la démocratie compte sur l'opposition, l'autoritarisme ne voit en elle qu'un ennemi.

À partir de 1979, les discours comportent des changements structurels importants, malgré les réflexes autoritaires de contrôle de l'espace politique, qui se manifesteront chez le gouvernement, même dans les années 80. Ils présentent un dialogisme non avoué, implicite. C'est l'étude de la production discursive échelonnée sur plusieurs semaines durant la formulation du projet d'amnistie qui permet de rendre compte de ce dialogisme. Le discours dominant tente de faire accepter une formulation de l'amnistie qui mise sur l'aspect universel: l'amnistie ne serait pas le fruit de revendications d'un groupe particulier, mais elle surviendrait comme l'étape normale d'un processus historique. Le discours dominant vise à masquer les différences entre les différents projets pour mettre l'accent sur l'amnistie en général. Mais il se heurte au discours adverse qui prend une ampleur inattendue et tente véritablement de s'imposer. En 1984, c'est chose faite. L'analyse révèle que la position officielle accuse un flottement sans précédent dans les discours: l'incapacité du gouvernement à produire une argumentation homogène et cohérente se traduit par des déclarations contradictoires de la part du PDS, qui laissent prévoir une scission au sein de ses membres, et même de la part du Président, qui paraît incapable de prendre position.

Les stratégies de l'opposition

Au cours des vingt années de régime militaire que nous avons étudiées, l'opposition tente, dans la mesure de l'espace politique qui lui est alloué, de réagir aux pratiques de l'autoritarisme. Sa force ne dépendra pas de la virulence de ses interventions, comme l'ont démontré les suites du *Pacote de Abril* de 1977, où l'opposition se défendra contre les allégations du gouvernement par des attaques directes au régime qui n'auront pourtant pas l'impact des propos plus tempérés de 1979. Son influence tient au rassemblement de voix en un courant uni qui, émanant de la société civile, est relayé par les institutions et trouve écho au Congrès...

Le rôle de l'opposition sera extrêmement important dans le débat sur l'amnistie, même si les gains réels pour la société civile ont été décevants. Ce discours ne fait pas seulement exprimer des propos dissidents, des critiques au gouvernement, il se constitue lui aussi en voix unique, avec son argumentation propre et se propose en contre-partie au discours dominant. Les revendications exprimées aussi sous forme de slogans obligent le gouvernement à répondre. Ce ne sont pas uniquement les interventions de plusieurs secteurs de la société civile, ni la mobilisation populaire qui en témoignent, mais la constitution même du discours. L'étude des discours nous apprend que l'opposition doit non seulement conquérir son droit de parole mais se construire une force discursive où la cohérence et l'unanimité de voix sont indispensables. L'opposition, à la différence de 1977, s'organise et s'identifie comme une force, prend conscience de son pouvoir à rassembler des courants sociaux, idéologiques, différents; bref, sa capacité à fournir un discours concurrent à celui du gouvernement témoigne de l'importance nouvellement acquise de l'opposition.

Cette manifestation d'une force oppositive sur le plan du discours sera encore plus évidente en 1984 à tous les points de vue: circulation de la parole, mobilisation populaire, configuration particulière du discours de l'opposition, dialogisme dans le discours dominant. Ce dernier tente de lancer le débat sur le choix d'un candidat pour succéder au Président Figueiredo, mais l'opposition arrive à imposer son thème: l'amendement Dante de Oliveira. C'est à son tour de prendre l'offensive avec un discours qui est non seulement concurrent, mais qui remet le régime en question en proposant des élections directes. L'offensive de l'opposition, qui par son discours «contamine» le discours dominant et le met en situation de faiblesse, aura une influence déterminante sur le cours des événements: toute la classe politique est amenée à redéfinir ses allégeances, certains des candidats à la présidence sont balayés et d'autres font surface suite à la négociation entre les partenaires politiques qui se reconnaissent.

Le discours dominant a été graduellement mis en déroute vers la fin des années 70, ce qui s'est manifesté par un mouvement dialectique: l'incapacité de renouveller son argumentation et la montée d'un discours oppositionnel fort. Ce dernier ne s'évalue pas uniquement à partir de la dichotomie offensif/défensif, même s'il est vrai que l'opposition occupe graduellement une position offensive, ce qui témoigne de l'initiative de ce groupe et le rapproche de la participation politique véritable. La stratégie déterminante de l'opposition consiste à produire le discours de l'unité: faire en sorte que «démocratie» soit le lieu convergent d'un combat contre l'inégalité sociale, l'injustice et la répression, la centralisation du pouvoir, etc, de façon à se constituer en nécessité à la fois pour l'Église, les syndicats, les intellectuels, le patronat, etc.

L'avancement démocratique

De quelle nature seront les pratiques discursives des prochaines années au Brésil? Comment interpréter le rôle de l'opposition? Avant d'en venir à ces questions, il nous apparaît essentiel de faire porter la réflexion sur les possibilités qu'offre le langage, possibilités qui seront diversement exploitées en période autoritaire et en période de libéralisation.

Le langage permet aux participants d'entretenir des relations d'autorité, c'est ce que relèvent plusieurs études se basant sur l'apport des actes de langage dans la théorie linguistique des dernières années. Prenons cette pratique par laquelle le locuteur tente de s'imposer en amenant son destinataire à reconnaître sa position hiérarchique, comme la célèbre expression rapportée par Roberto Da Matta «Você sabe com quem está falando?», ou encore cette pratique conversationnelle toute quotidienne qui consiste à poser une question, obligeant par le fait même le destinataire à répondre. Bref, le locuteur occupe, durant son temps de parole, une position privilégiée où les choix linguistiques qu'il pose décident des rapports qu'il veut entretenir avec ses interlocuteurs. On comprend alors que la possession de la parole soit si convoitée par qui gouverne et que bon nombre de régimes politiques aient réglementé ce droit à l'exercice de la parole lié directement à l'exercice du pouvoir. Posséder le contrôle de la parole, c'est s'accorder le privilège d'être en position d'autorité, de décider des rapports que l'on veut entretenir avec ses interlocuteurs, et c'est, bien sûr, leur refuser cette position. Plus que le contenu des paroles, le lieu à partir duquel on s'adresse au destinataire peut avoir une influence sur les rapports poursuivis.

Mais si le langage, de par la configuration de certaines constructions, peut servir les rapports de domination, il peut tout également favoriser la pratique démocratique. Pensons à l'alternance des rôles de locuteur et de destinataire pour l'ensemble des pratiques discursives, mais surtout à la cohabitation de plusieurs discours dans un même texte; en effet, lorsqu'un locuteur construit un énoncé, il le fait souvent en s'appuyant sur le dire des autres, que ce soit d'un groupe en particulier ou de l'opinion générale (le *on*). Nous nous y sommes référé par le biais du dialogisme, vu comme mesure de l'étendue de la participation politique réelle.

Qu'est-ce qu'un discours démocratique? À la lumière des productions discursives analysées, un discours démocratique suppose l'élargissement du champ du discours: de monologique, il devient dialogique. Mais plus que la reconnaissance d'autres discours, il faut que plusieurs tendances puissent être représentées: les militaires se citaient entre eux mais étaient fermés à toute représentation idéologique différente de la leur. Ajoutons que dans une pratique démocratique, il doit y avoir la possibilité de cohabitation de discours appartenant à des forces politiques inégales: les factions au sein de la société, indifféremment de leur position hiérachique, du pouvoir qu'elles ont accumulé.

Une pratique discursive démocratique a des conséquences importantes sur la réorganisation de la pratique politique. Lorsqu'un changement veut être opéré en pratique autoritaire, on a recours au décret, ce qui veut dire que le discours fait loi: l'annonce du changement coïncide avec le début du changement lui-même. L'absence de consultation permet l'intantanéité de la mise en vigueur. En revanche, la pratique démocratique suppose un débat, une consultation, ce qui a tendance à établir un décalage entre l'annonce d'un changement et la mise en opération d'une règle institutionnelle. Or l'adaptation à cette nouvelle pratique est difficile actuellement, en cette période de réorganisation à tous les niveaux, alors que des décisions sur les mesures à adopter devraient être prises sans délai.

La classe politique actuelle est aussi handicapée par la pluralité des discours qu'elle se doit d'exprimer. En période autoritaire, face à la domination d'un discours, les choix ne sont pas nombreux: on est pour ou contre. L'opposition, nous l'avons vu, devait produire un discours concurrent, unifié, et donc suffisamment fort pour renverser le discours dominant.

Aujourd'hui, les choix ne sont pas aussi clairs: la classe politique se doit d'être fidèle à sa volonté démocratique et permettre à une pluralité de voix de faire valoir leur point de vue, leur option, ce qui d'autre part entraîne l'éclatement de son discours et réduit son unité. Cette redéfinition des forces au sein de la classe politique, toute nécessaire qu'elle soit, fait surgir à nouveau la menace populiste, qui favorise l'émergence de revendications populaires en maintenant l'inégalité de leur représentation.

Nous nous sommes intéressée à l'insertion, volontaire ou involontaire, des autres discours dans le discours officiel; mais il serait important que l'on s'intéresse à l'autre point de vue: étudier le discours de l'opposition, en s'attachant à la place qu'elle réserve aux autres discours et particulièrement au discours dominant. La démocratie se réalise d'abord par la distribution de la parole.

Annexe

Le corpus est constitué d'articles provenant des journaux suivants:

Jornal do Brasil, O Globo, Estado de São Paulo, Folha de São Paulo, Gazeta Mercantil, O Correio Brasiliense, O Correio da Manhã, Jornal de Brasília, durant les périodes suivantes: décembre 1968 - janvier 1969, mars-avril 1977, juin-juillet 1979, mars-avril 1984, ainsi que des discours officiels du Président J. Figueiredo, *Discursos,* Presidência da República, Secretaria de Imprensa e Divulgação, 1979-1984, vol. I-VI.

A. Articles mentionnés dans le Chapitre II

1. 8 déc. 68, par le maréchal Costa e Silva, Pontifica Universidade Católica; discours paru dans le journal *O Correio da Manhã,* 10 déc., «Costa: revolução faz reformas» **(Reformas)**.

2. 12 déc. 68, par Costa e Silva, à la Faculdade Municipal de Ciências Económicas, Belo Horizonte; dans *Jornal do Brasil,* 13 déc., «Presidente diz em Minas que falta do sentimento de Deus leva à violencia» **(Deus)**.

3. 13 déc. 68, par Costa e Silva, décret de l'AI-5 **(AI-5)**.

4. 18 déc. 68, par Costa e Silva, à la Sociedade Universitária Gama Filho; dans *Jornal do Brasil*, 19 déc., «Costa e Silva quer empresários ajudando educação» (**Empresários**).

5. 18 déc. 68, commentaires sur le discours de Costa e Silva, prononcé à la Escola Superior de Guerra; dans *Jornal do Brasil*, 19 déc., «Presidente diz que os de mãos limpas não tem razão de temor» (**Mãos limpas**).

6. 18 déc. 68, par Artur Bernardes Alves de Sousa, au Marechal Mascarenhas de Morais; dans *Jornal do Brasil*, 19 déc., «Segurança é missão para todos» (**Missão**).

7. 26 déc. 68, par Costa e Silva devant les généraux du Ministério do Exército; dans *Jornal do Brasil*, 27 déc., «Presidente diz que Govêrno é ao gôsto e estilo brasileiros» (**Estilo**).

8. 31 déc. 68, par Costa e Silva, discours officiel à la télévision, pour expliquer l'AI-5; dans *Jornal do Brasil*, 1er janv., «Costa e Silva explica que o AI-5 sustentará a Revolução» (**Revolução**).

9. 11 janv. 69, par Costa e Silva, à la Escola de Engenharia, Rio Grande; dans *Estado de São Paulo*, 11 janv., «O discurso» (**O discurso**).

10. déc.-janv. 69, lettre de Costa e Silva, en réponse à une lettre de contestation contre l'AI-5; divulguée le 14 janv. 69 dans *O Globo*, «Arena hostilizava o Governo» (**Arena**).

B. Classification par acteurs
des énoncés retenus dans le chapitre IV
(les numéros identifient les énoncés
appartenant au même texte)

Énoncés de l'opposition

- «a anistia será extremamente restrita» (2)
- «teremos apenas uma anistia administrativa» (2)

- «na verdade não se pode chamar a isto de anistia. No maximo, de uma anistia entre aspas» (2)
- «a anistia não é favor individual. E ato de interesse político» (2)
- «retomar a iniciativa por meio da aprovação de um projeto parcial, que visa frustrar» (3)
- «a decretação da anistia, qualquer que seja ela, não constitui ninhuma garantia» (5)
- «não queremos anistia que divida a nossa luta» (6)
- «o projeto de anistia parcial do governo» (6)
- «relacionamento entre a anistia ampla, geral e irrestrita e as lutas» (6)
- «ao oferecer uma anistia parcial que discrimina brasileiros delacerados» (6)
- «representa uma iniciativa [...] permita ceder um minimo possivel» (6)
- «apresentando um projeto que seja a real expressão da anistia que exigimos» (6)
- «pois anistia representa a reconciliação national» (6)
- «pela anistia que, insistimos deve ser ampla geral e irrestrita» (6)
- «para que a anistia venha, mas com justiça» (6)
- «mas ainda esta longe de reconhecer a ampla, geral e irrestrita vocação democrática do nosso povo» (6)
- «como se estivesse concedendo um meio perdão [...] ninguem pede sequer perdão» (6)
- «defendemos uma anistia sem adjetivos» (18)
- «O projeto preparado pelo Governo não é uma verdadeira anistia» (18)
- «esta ainda não é a anistia que queremos» (19)
- «Recebemos a anistia, venha como vier, como resultado de uma árdua conquista de quatro anos e meio de luta» (19)
- «a anistia, para ser realmente verdadeira, inclusive para os torturadores, tem que ser ampla, geral e irrestrita» (19)
- «a do governo é da conciliação, uma anistia que interesa mais ao Governo do que a nação» (19)

- «é adverbial, pois segundo se diz "apenas" 130 pessoas ficam fora. E uma anistia restrita, anunciada com avareza» (22)
- «Não corresponde as exigencias do povo brasileiro» (24)
- «não vejo abertura nenhuma no Brasil, o que está havendo aí é uma liberalização, um consentimento, da parte do regime, uma aparência de vivência democrática, para fins de imagem externa do País» (24)
- «para que não se iludam com mais essa farsa do sistema e conclama a todos que não esmoreçam, um momento sequer na luta pela anistia, que é a luta do amor contra o ódio, que é a luta pela paz e pela justiça» (25)
- «a anistia tem de vir sem qualificativos, inteira» (25)
- «um projeto que não é apenas insatisfatório, mas se insere no contexte, ainda uma vez do uso arbitrário do Poder, para fazer discriminações que não cabem dentro do próprio direito-dever de anistiar (25)
- «ele absolve todos os torturadores e deixa presos a maioria dos torturados» (25) - (26)
- «o projeto de lei do governo federal concede por seu texto, ampla, geral, irrestrita e antecipada anistia aos seus agentes, aos agentes do governo, aos agentes da repressão que tenham praticado crime no processo da repressão» (26)
- «Se a anistia abrem mais espaço [...] convem recebê-la com os sentimentos de quem recuperou ao menos em parte o que é dele» (28)
- «De fato, porem como foi proposta no momento atual, a lei não devolverá a paz a quem mais deveria devolvê-la» (28)
- «O projeto do Governo não é de anistia tais e tantas são as restrições e as exigencias consagradas em seu texto. É um instrumento de vingança, de castigo e de represália, que quer degradar e humilhar a criatura humana» (29)
- «uma anistia sem adjetivos» (33)
- «Queremos que o governo conceda o verdadeiro perdão, pois só assim será viável uma pacificação nacional» (33)

- «Eu também acho que só uma anistia ampla poderá devolver ao País um clima propício à sua reconstrução» (33)
- «o exame global do projeto de anistia desvela [...] sua frontal incompatibilidade com um dado elementar do próprio conceito de anistia, ou seja o seu caráter objetivo» (36)
- «O que o Goveno está propondo, com o nome de anistia, tem antes o espírito de um indulto coletivo que o de uma verdadeira anistia» (36)
- «A anistia só será válida, só representará, realmente a reintegração de todos, na medida em que se fizer uma reformulação nos ficharios de informações» (37)
- «o Presidente da República realmente estendeu sua mão, mas não parece que o tenha feito com a generosidade esperada» (39)
- «vai propor uma anistia para todos os trabalhadores e sindicalistas que não foram incluídos no projeto encaminhado ao Congresso pelo governo» (40)
- «procura vincular a anistia a seus propósitios ditatoriais de cassar o MDB, disfarçando esta operação sob a capa» (41)

Énoncés du gouvernement

- «existe reserva em relação a palavra anistia» (1)
- «quando se diz que a anistia significa o perdão aos crimes cometidos com intenção política» (1)
- «a anistia é o esquecimento, ou não reconhecimento, do cometido de um crime» (1)
- «que permitiram que quase todos os atingidos pelos atos da Revolução estejam participando» (2)
- «sendo um dos caminhos da conciliação» (2)
- «para que todos possam participar da reforma do quadro partidário» (2)
- «o retorno de Brizola será otra importante consequência da anistia» (2)

- «os caminhos para o pluripartidarismo estão abertos» (2)
- «será ampla, mas não irrestrita» (3)
- «Acho que de certo modo a anistia passa a ser um teste no comportamento da abertura, no sentido de como vai se processar um novo projeto político» (12) - (13)
- «será um projeto suscinto, objetivo e simples, e irá beneficiar um numero até agora não calculado de pessoas» (11)
- «o desdobramento da anistia será muito mais amplo do que se imagina no momento de sua consumação» (11)
- «A anistia atendera aos anseios da sociedade. [...] Não sera irrestrita, mas será ampla» (11)
- «sua abrangencia considerável [...] o mais abrangente possível» (12)
- «a anistia deve ser antes de tudo humana» (12)
- «O projeto não é casuistico, é o mas abrangente possível» (14)
- «Reciprocidade de anistia como? Os anistiados estão anistiando também?» (14)
- «minimizar o apagar aquele lado do sofrimento humano com relação às famílias dos punidos» (15)
- «a anistia defendida por ele será bastante ampla para beneficiar o todos os punidos por motivos ideológicos, mas restrita porque, na sua opinião os terroristas na devem ser abrangios pelo perdão político» (17)
- «a abrangencia é o que o Governo pode oferecer de melhor» (18)
- «este é um projeto que faz a integração do Executivo e do Legislativo, numa matéria de importancia política transcendental» (18)
- «Tenho a consciência tranquila de haver elaborado o melhor projeto para a época atual» (19')
- «A anistia que pretendo propor será suficientemente ampla» (19'')
- «A concessão de anistia é, sempre, um ato unilateral de Poder. Presuppõe e enseja o desarmamento dos espíritos» (20)
- «é o mais amplo possível e, se a anistia é por si só ideia

ampla e generosa, o projeto se situa nessa linha de ultra-passarmos essa fase difícil do periodo de exceção que, se por um lado foi necessário [...] ninguém jamais desejou fosse definitivo» (22)

- «que a anistia, assim como a extinção, desde 1 de janeiro, da legislação excepcional, não significa capitulação e sim a efetivação dos princípios da Revolução de 1964» (22)
- «amplo e attendo, a meu ver, as aspirações do povo, dentro da realidade que vivemos» (24)
- «Anistia tem nada a ver com tortura. [...] Acho que a tortura não deve ser caso de anistia» (26)
- «A anistia, independentemente da sua adjetivação, é prematura e inoportuna» (30)
- «Depende do que você chama bem mais ampla. Se essa amplitude chegar a querer anistiar terroristas, eu não aceito mesmo» (31)
- «O que que vocês chaman de irrestrita? Se beneficiar os que cometeram crimes comuns, eu não aceito» (31)
- «Como todo processo político, anistia é dinâmica. [...] para decretar o indulto, o que pode vir a fazer, desde que a situação política e as circunstâncias se modifiquem» (32)
- «O projeto, como o proprio presidente disse, é o máximo possível que se podia alcançar da atual realidade política. Se ela se modificar, ele poderá ser ampliado» (32)
- «o governo não é inflexivel e, apesar da posição inicial de não aceitar emendas, elas poderão ser aceitas desde que bem feitas» (32)
- «o projeto do governo, tal como foi enviado ao Congresso, é o mais apropriado para a época e para as atuais circunstâncias» (34)

Tableau chronologique

1964
- coup d'État: les militaires prennent le pouvoir
- avril: début de la présidence du général Castelo Branco
- Acte institutionnel 1

1964-1968
- Programme d'action économique du gouvernement présenté par Roberto Campos et O.G. de Bulhães.

1965-1967
- Acte institutionnel 2: établissement du bi-partisme: l'Alliance rénovatrice sociale (Arena) et le Mouvement démocratique brésilien (MDB)

1967
- Une nouvelle constitution est approuvée: désormais, élection indirecte du Président
- Loi de la Sécurité nationale entre en vigueur
- mars: début du mandat du maréchal Costa e Silva; Delfim Neto est désigné ministre des Finances

1968
- démonstrations étudiantes et grève des ouvriers du secteur industriel; opposition de l'Église
- 13 décembre: promulgation de l'Acte institutionnel 5; d'autres actes s'y ajoutent

1969
- octobre début du mandat du général E. Garrastazú Médici:
- plusieurs amendements sont apportés à la Constitution
- programme de développement de l'Amazonie

1969-1971
- lutte anti-guerrilla, forte répression

1969-1974
- très forte croissance économique: le «miracle brésilien»

1972
- élections municipales: victoire marquée de l'Arena

1974
- début du mandat du général Ernesto Geisel
- annonce de la *distensão*
- élections législatives: gains importants du parti de l'opposition

1975-1976
- mort de deux prisonniers politiques, Vladimir Herzog et Manoel Fiel Filho
- abolition de la censure au journal *Estado de São Paulo*

1975-1979
- problèmes économiques s'intensifient

1976
- élections municipales: MDB obtient une majorité de l'électorat urbain

1977
- fermeture du Congrès: imposition d'une série de mesures, le *Pacote de Abril*

1978
- point culminant des revendications ouvrières: grèves
- extension de la Loi de la Sécurité nationale et abolition du droit de grève
- abolition de l'AI-5, de la censure pour la radio et la télévision; restitution de l'*habeas corpus*; 120 exilés politiques sont autorisés à retourner au pays

1979
- début du mandat du général João Batista Figueiredo
- grèves importantes des ouvriers du secteur de la métallurgie
- projet de l'amnistie est approuvé par le Congrès
- refonte de la structure des partis: PDS (Parti démocratique et social), PMDB (Parti du mouvement démocratique

brésilien), PDT (Parti démocratique et travailliste); PT (Parti des travailleurs), PP (Parti populaire)

1980
- élections municipales reportées en 1982

1980-1981
- plusieurs incidents terroristes, dont celui du RioCentro

1981
- démission du général Golbery
- réforme électorale par de nouvelles mesures, le *Pacote de Novembro*

1981-1983
- crise économique

1982
- élections à tous les niveaux: la position du PDS s'affaiblit
- début de la campagne pour les élections directes

1984
- importantes manifestations populaires
- avril: vote sur l'amendement Dante de Oliveira
- formation de l'Alliance démocratique

1985
- élection de Tancredo Neves
- début du gouvernement civil

Bibliographie

ANSCOMBRE, J.-C. (1975). «Il était une fois une princesse aussi belle que bonne», *Semantikos*, 1, 1-28.

ANSCOMBRE, J.-C. et DUCROT, O. (1986). «Argumentativité et informativité», dans *De la métaphysique à la rhétorique*, M. Meyer (éd.), Bruxelles, Éditions de l'Université de Bruxelles.

ANSCOMBRE, J.-C. (1989). «Théorie de l'argumentation, topoï et structuration discursive», *Revue québécoise de linguistique*, vol. 18, no 1, 13-57.

AUSTIN, J. L. (1962). *How to do things with words*, Oxford, Clarendon Press.

AUTHIER-REVUZ, J. (1982). «Parole multiple: aspect rhétorique, logique, énonciatif et dialogique», *DRLAV*, 26, Paris.

— (1984). «Hétérogénéité(s) énonciative(s)», *Langages*, 73, 98-112, Paris.

BAKHTINE, M. (1977). *Le marxisme et la philosophie du langage*, Paris, Minuit.

BALOYRA, A. E. (1986). «From Moment to Moment: The Political Transition in Brazil 1977-1981», dans *Political Liberalization in Brazil*, W. A. Selcher (éd.), Boulder, Westview Press.

— (éd.). (1987). *Comparing new democracies. Transition and consolidation in Mediterranean Europe and the Southern Cone*, Boulder, Westview Press.

BENVENISTE, E. (1966). *Problèmes de linguistique générale*, Paris, Gallimard.

BERRENDONNER, A. (1981). *Éléments de linguistique pragmatique*, Paris, Minuit.

BOBBIO, N. (1982). *O conceito de sociedade civil*, Rio de Janeiro, Éd. Graal.

BOURDIEU, P. (1982). *Ce que parler veut dire*, Paris, Fayard.

BOURQUE, G. et DUCHASTEL, J. (1984). «Analyser le discours politique duplessiste: méthode et illustration», *Cahiers de recherche sociologique*, vol. 2, no 1, 99-137.

BRESSER PEREIRA, L. C. (1984). *Development and crisis in Brazil, 1930-1983*, Boulder, Westview Press.

— (1985). *Pactos políticos, do populismo à redemocratização*, São Paulo, Éd. Brasiliense.

BUCI-GLUCKSMANN, C. (1975). *Gramsci et l'État*, Paris, Librairie A. Fayard.

✳ CARDOSO, F. H. (1979). «On the characterization of authoritarian regimes in Latin America», dans *The New Authoritarianism in Latin America*, David Collier (éd.), Princeton, Princeton University Press, 33-57.

✳ — (1975). *Autoritarismo e democratização*, Rio de Janeiro, Éd. Paz e Terra.

— (1983). «O papel dos empresários no processo de transição: o caso brasileiro», *Dados*, vol. 26, no 1, 9-27.

CHAGAS, C. (1985). *A guerra das estrelas (1964/1984)*, Rio Grande do Sul, Éd. L & PM.

CHAUI, M. DE SOUZA. (1980). «Ideologia e educação», *Estudios CEDES*, 5, Buenos Aires, Éd. Cortez II.

CHERESKY, I. (1983). «Pouvoir et légitimité dans les régimes autoritaires», *GRELAT*, document de travail no 2, partie I, Paris.

COURTINE, J.-J. (1981). «Analyse du discours politique», *Langages*, 62, Paris.

COURTINE, J.-J. et MARANDIN, J.-M. (1981). «Quel objet pour l'analyse du discours?», dans *Matérialités discursives*, Lille, Presses Universitaires de Lille, 21-35.

COVRE, M. DE LOURDES MANZINI. (1983). *A fala dos*

homens, análise do pensamento tecnocrático, São Paulo, Éd. Brasiliense.

DEBERT, G. G. (1979). *Ideologia e populismo*, São Paulo, Éd. T. A. Queiroz.

DE GÓES, W. et CAMARGO, A. (1984). *O drama da sucessão*, Rio de Janeiro, Éd. Nova Fronteira.

DIMENSTEIN, G. et al. (1985). *O complô que elegeu Tancredo*, Rio de Janeiro, Éd. JB.

DREIFUSS, R. A. (1981). *1964: A conquista do Estado. Ação política, poder e golpe de classe*, Rio de Janeiro, Éd. Vozes.

DUBOIS, J. (1969). «Énoncé et énonciation», *Langages*, 13, 100-110.

DUCROT, O. (1972). *Dire et ne pas dire*, Paris, Hermann.

— (1973). *La preuve et le dire: langage et logique*, Paris, Mame.

DUCROT, O. et ANSCOMBRE, J.-C. (1976). «L'argumentation dans la langue», *Langages*, 42, Paris.

— (1977). «Deux mais en français?», *Lingua*, 43, 23-40.

DUCROT, O. (1979). «Les lois du discours», *Langue française*, 42, 21-33.

DUCROT, O. et al. (1980). *Les Mots du discours*, Paris, Minuit.

DUCROT, O. (1982). «La notion de sujet parlant», *Recherches sur la philosophie et le langage*, Grenoble, Université de Grenoble II, 65-93.

— (1984a). *Le dire et le dit*, Paris, Minuit.

— (1984b). «Polyphonie», *Lalies*, 4, 3-30.

ERICKSON, K. P. (1985). «Brazil: Corporative authoritarianism democratization and dependency», dans *Latin American politics and development*, H. J. Wiarda et H. F. Kline (éds), Boulder, Westview Press.

EVANS, P. (1979). *Dependent Development, The alliance of multinational, state and local capital in Brazil*, Princeton, Princeton University Press.

FARIA, J. E. (1984). *Retórica política e ideologia democrá-*

tica: a legitimação do discurso jurídico liberal, Rio de Janeiro, Éd. Graal.

FAUCHER, P. (1981a). *Le Brésil des militaires*, Montréal, Presses de l'Université de Montréal.

— (1981b). «The paradise that never was: the breakdown of the brazilian authoritarian order», dans *Authoritarian Capitalism*, T. C. Bruneau et P. Faucher (éds), Boulder, Westview Press.

FIGUEIREDO, E. de LIMA (1980). *Os militares e a democracia*, Rio de Janeiro, Éd. Graal.

FIORIN, J. L. (1988). *O regime de 1964, discurso e ideologia*, São Paulo, Éd. Atual.

FISHER, S. et FRANCKEL, J.-J. (1983). «Conditions d'énonciation et pratique langagière», dans *Linguistique, énonciation; aspects et détermination*, S. Fisher et J.-J. Franckel (éds), Paris, Éd. EHESS.

FLEISCHER, D. (1986). «The Brazilian Congress: From Abertura to New Republic», dans *Political Liberalization in Brazil*, W. A. Selcher (éd.), Boulder, Westview Press.

FORGET, D. (1985). «La pragmatique comme instrument pour l'analyse du discours politique», dans *Groupe de recherche sur l'Amérique latine (GRAL)*, Notes de recherches du GRAL, Montréal, Université de Montréal, 1-18.

FOUCAULT, M. (1969). *L'archéologie du savoir*, Paris, Gallimard.

GADET, F. (1981). «Matérialités discursives: la frontière absente», dans *Linx*, Bulletin du Centre de recherches linguistiques de Paris X, 4, 105-113, Nanterre.

GARDIN, J. C. (1974). *Les analyses de discours*, Neuchâtel, Delachaux et Niestlé.

GARRETÓN, M. A. (1982). «Transformación social y refundación política en el capitalismo autoritario», dans *Autoritarismo y alternativas populares en América Latina*, San José de Costa Rica, Flacso, 141-159.

GUESPIN, L. (1971). «Problématique des travaux sur le discours politique», *Langages*, 23, 3-24.

— (1976). «Introduction. Types de discours ou fonctionne-ments discursifs?», *Langages*, 41, 3-13.

GUILHAUMOU, J. et MALDIDIER, D. (1981). «L'analyse du discours à la recherche de l'historicité, une tentative», dans *Linx*, Bulletin du Centre de recherches linguisti-ques de l'Université de Paris X, n⁰ 4, 69-104, Nanterre.

— (1984). «Coordination et discours, "Du pain *et* X" à l'épo-que de la Révolution française», dans *Linx*, Bulletin du Centre de recherches linguistiques de l'Université de Paris X, n⁰ 10, 97-119, Nanterre.

GUIMARAES, E. (1987). *Texto e Argumentação*, Campinas, Pontes.

HAROCHE, C., HENRY, P., PÊCHEUX, M. (1971). «La séman-tique et la coupure saussurienne: langue, langage, dis-cours», *Langages*, 24, 93-106.

HARRIS, Z. (1952). «Discourse analysis», *Languages*, 28, 1-30.

HENRY, P. (1977). *Le mauvais outil*, Paris, Klincksieck.

HOLQUIST, M. (1990). *Dialogism, Bakhtin and his world*, New York, Routledge.

JAGUARIBE, H. et *al.* (1985). *Brasil, sociedade democrática*, Rio de Janeiro, Éd. José Olympio.

KEEK, M. E. (1989). «The new Unionism in the Brazilian Transition», dans *Democratizing Brazil*, A. Stepan (éd.), New York, Oxford University Press.

KERBRAT-ORECCHIONI, C. (1980). *L'énonciation, de la sub-jectivité dans le langage*, Paris, Armand Colin.

— (1986). *L'implicite*, Paris, Armand Colin.

KERBRAT-ORECCHIONI, C. et MOUILLAUD, M. (1984). *Le discours politique*, Lyon, Presses de l'Université de Lyon.

KLEIN, L. et FIGUEIREDO, M. (1978). *Legitimidade e coação no Brasil pós-64*, Rio de Janeiro, Éd. Forense-Univer-sitária.

KOTSCHO, R. (1984). *Explode um novo Brasil. Diário da Campanha das Diretas*, São Paulo, Éd. Brasiliense.

KUCINSKI, B. (1982). *Abertura, a história de uma crise*, São Paulo, Éd. Brasil Debates.

LAMOUNIER, B. (1982). «As eleições de 1982 e a abertura política em perspectiva», dans *Brasil em perspectiva: dilemas da abertura política*, H. Trindade (éd.), 121-133.

— (1989). «The Impact of Elections on the Abertura», dans *Democratizing Brazil*, A. Stepan (éd.), New York, Oxford University Press.

LANDI, O. (1981). «Crisis y lenguajes políticos», dans *Estudios CEDES*, 4, Buenos Aires, Éd. Cortez II.

— (1985). «El discurso sobre lo posible (La democracia y el realismo político)», dans *Estudios CEDES*, Buenos Aires, Éd. Cortez II.

LECHNER, N. (1982). «El projecto neoconservador y la democracia», *Critica y Utopia*, 6, Buenos Aires.

LYONS, J. (1977). *Semantics*, vol. 2, Cambridge University Press.

MAINGUENEAU, D. (1976). *Initiation aux méthodes de l'analyse du discours*, Paris, Hachette.

— (1983). «Discours abstraits et conditions de production», *DRLAV*, 28, 63-78.

— (1984). *Genèses du discours*, Paris, Éd. P. Mardaga.

MALDIDIER, D., NORMAND, C., ROBIN, R. (1972). «Discours et idéologie: quelques bases pour une recherche», *Langue française*, 15, 116-142.

MARANDIN, J. M. (1979). «Problèmes d'analyse du discours. Essai de description du discours français sur la Chine», *Langages*, 55, 17-88.

MARCELLESI, J.-B. et GARDIN, B. (1974). *Introduction à la sociolinguistique*, Paris, Larousse.

MARTINS, L. (1982). «Le régime autoritaire brésilien et la "libéralisation" politique», dans *Problèmes d'Amérique latine*, La Documentation française, no 65, Nancy.

— (1985). *Estado capitalista e burocracia no Brasil pós 64*, São Paulo, Éd. Paz e Terra.

MOISES, J. A. et *al.* (1982). *Alternativas populares da democracia: Brasil, anos 80,* São Paulo, Éd. Vozes.

MOREIRA ALVES, M. H. (1984). *Estado e oposição no Brasil (1964/1984),* Petrópolis, Éd. Vozes.

MUNIZAGA, G. (1983). *El discurso público de Pinochet,* CLACSO, 3, Buenos Aires.

✠ O'DONNELL, G. (1979). «Tensions in the Bureaucratic-Authoritarian State and the Question of Democracy», dans *The New Authoritarianism in Latin America,* David Collier (éd.), 285-319, Princeton.

✗ O'DONNELL, G. et SCHMITTER, P. C. (éds). (1986). *Transitions from authorirarian rule. Tentative conclusions about uncertain democracies,* Baltimore, John Hopkins University Press.

O'DONNELL, G., SCHMITTER, P. C., WHITEHEAD, L. (éds). (1986). *Transitions from Authoritarian Rule: Prospects for Democracy,* Baltimore, John Hopkins University Press.

OLIVEIRA, L. L. et *al.* (1982). *Estado Novo: ideologia e poder,* Rio de Janeiro, Éd. Zahar.

ORLANDI, E. P. (1983). *A linguagem e seu funcionamento,* São Paulo, Éd. Brasiliense.

OSAKABE, H. (1979). *Argumentação e discurso político,* São Paulo, Éd. Kairos.

PÊCHEUX, M. (1969). *Analyse automatique du discours,* Paris, Dund.

PÊCHEUX, M. et FUCHS, C. (1975). «Mises au point et perspectives à propos de l'analyse automatique du discours», *Langages,* 37, 7-81.

PÊCHEUX, M. et *al.* (1982). «Présentation de l'A.A.D. 69: théories, procédures, résultats, perspectives», *Mots,* 4.

PLANTE, P. (1983). «Le système de programmation Déredec», *Mots,* 6.

REY-DEBOVE, J. (1978). *Le métalangage,* Paris, Éd. Le Robert.

RICHARDS, G. (1986). «Stabilization crisis and the breakdown of Military Authoritarianism in Latin America», *Comparative Political Studies*, vol. 18, n⁰ 4.

ROBIN, R. (1973). *Histoire et linguistique*, Paris, Armand Colin.

— (1986). «L'analyse du discours entre la linguistique et les sciences humaines: l'éternel malentendu», *Langages*, Paris.

ROUQUIÉ, A. et al. (éds). (1985). *Como renascem as democracias*, São Paulo, Éd. Brasiliense.

✱ SANTI, I. et SIGAL, S. (1983). «Autoritarisme et légitimité dans les discours militaires: Argentine et Chili», *GRE-LAT*, Paris.

SCHMIDT, J. M. (1973). *Texttheorie*, Munich, Fink (UTB).

SCHWARTZMAN, S. (1982). *Bases do autoritarismo brasileiro*, Brasília, Éd. Universidade de Brasília, vol. 12.

SEARLE, J. R. (1969). *Speech acts*, Cambridge University Press.

SELCHER, W. A. (1986). «Contradictions, Dilemmas, and Actors in Brazil's Abertura, 1979-1985», dans *Political liberalization in Brazil*, W. A. Selcher (éd.), Boulder, Westview Press.

SHARE, D. et MAINWARING, S. (1986). «Transitions throught transactions: Democratization in Brazil and Spain», dans *Political Liberalization in Brazil*, W. A. Selcher (éd.), Boulder, Westview Press.

SIGAL, S. (1984). «Sur le discours militaire: Argentine 1976-1978 et un déjà-vu», *L'Homme et la Société*, n⁰s 71-72, Paris.

SKIDMORE, T. E. (1988). *The politics of military rule in Brazil 1964-85*, New York, Oxford University Press.

SKIDMORE, T. E. et SMITH, P. H. (éds). (1989). *Modern Latin America*, New York, Oxford University Press.

SMITH, W. C. (1987). «The political transition in Brazil: from authoritarian liberalization and elite conciliation to democratization», dans *Comparing new democracies: Transition and consolidation in Mediterranean Europe and the Southern Cone*, Boulder, Westview Press.

SOARES DE LIMA, M. R. (1988). «Contexto internacional e democratisação no Brasil», dans *A Democracia no Brasil: Dilemas e perspectivas*, F. Wanderley Reis et G. O'Donnell (éds), São Paulo, Éd. Vertice.

SORJ, B. et TAVARES DE ALMEIDA, M. H. (éds). (1984). *Sociedade e política no Brasil pós-64*, 2e éd., São Paulo, Éd. Brasiliense.

STEPAN, A. (1971). *The military in Politics: changing patterns in Brazil*, Princeton, Princeton University Press.

— (1986), *Os militares: da abertura à nova República*, Rio de Janeiro, Éd. Paz e Terra.

TODOROV, T. (1981). *Mikhail Bakhtine, le principe dialogique*, Paris, Éd. du Seuil.

TRINDADE, H. (1982). *Brasil em perspectiva: dilemas da abertura política*, Porto Alegre, Éd. Sulina.

VERON, E. (1981). *Production de sens. Fragments d'une socio-sémiotique*, Paris, Albatros.

VIOLA, E. et MAINWARING, S. (1985). «Transitions to democracy: Brazil and Argentina in the 1980s», *Journal of International Affairs*, vol. 38.

VOGT, C. (1980). *Linguagem, pragmática e ideologia*, Campinas, Hucitec, Funcamp.

WANDERLEY REIS, F. et O'DONNELL, G. (éds). (1988). *A democracia no Brasil: dilemas e perspectivas*, São Paulo, Éd. Vértice.

WEFFORT, F. C. (1968). «El populismo», dans *Brasil Hoy*, Mexico, Siglo Veintiuno.

— (1981). «Desarrollo económico. La problemática mediación del Estado», (table ronde), *Crítica y Utopía*, no 4, Buenos Aires.

— (1985). *Por que democracia?*, São Paulo, Éd. Brasiliense.

Table des matières

Cet ouvrage
publié par les
Éditions Balzac
a été achevé d'imprimer
le 1er jour de septembre
de l'an mil neuf cent quatre-vingt-douze
sur les presses de
l'Imprimerie d'édition Marquis ltée
Montmagny (Québec)

Composition et mise en page:
Atelier MHR